再生 西鉄バスジャック事件からの編み直しの物語

再生

西鉄バスジャック事件からの
編み直しの物語

山口由美子
Yumiko Yamaguchi

岩波書店

目　次

I

目　次

II

III

構成＝前川ヨウ
本文扉作品＝塚本猪一郎「光が差し込む」

I

I

第1章　事件のこと

1　バスの中

「このバスを乗っ取ります。荷物を置いて、後ろへ行ってください」

2000年5月3日。佐賀駅バスセンター12時56分発福岡天神行、西鉄高速バス「わかくす号」に乗っていた私は、17歳の「少年」が起こした「バスジャック事件」に遭遇し、被害者の立場になりました。

「少年」が立ち上がったのは、バスが佐賀駅前を出発して、高速道路に入って間もなくでした。大きな包丁を振りかざしてはいますが、「少年」は、華奢な身体つきです。包丁を振りかざすというよりは、包丁に振り回されているような男の子でした。そんな印象でしたから、実のところ私は、あまり本気にしていなかったのです。「後ろに行けというから、まあ、行っておくか」程度の、切迫感のない気持ちだったのを覚えています。

「お前は、俺の言うことを聞いてない！　後ろに下がってない！」

そう言って私の目の前で、一人の女性客の首を彼が刺すまで、「少年」が本気だと思っていませんでした。

この日、私は、この事件で唯一いのちを落とされた塚本達子先生と一緒でした。先生は小学校教諭を28年された後、「幼児室」を主宰されていた方です。私の子どもは3人とも幼い頃、塚本先生の「幼児室」に通いました。この春長男は高校を出て専門学校に通っており、長女は高校2年、次男は高校に入るまでに成長していました。先生は私より十数歳年上でしたが、子どもたちが卒室した後も、親しくお付き合いしてきました。子どもたちにとってだけでなく、私にとっても「恩師」と呼べる方です。

福岡へのバスの中で

「福岡天神のシンフォニーホールで、朝比奈隆さん率いる大阪フィルの演奏会があると新聞に大きく載っていたのよ」。その年の3月頃だったでしょうか、塚本先生がコンサートの宣伝が載っている新聞の1面を私に見せてくださいました。

朝比奈隆　指揮　大阪フィルハーモニー交響楽団　福岡特別公演
ベートーヴェン　交響曲第4番　変ロ長調　OP．60
　　　　　　　　交響曲第5番　ハ短調　　OP．67「運命」
2000年5月3日（水・祝）15時

アクロス福岡　シンフォニーホール

この演奏を聴くために乗ったバスで、私たちは、事件に遭うことになるのです。

「朝比奈隆さんが魂をかけて育てた大阪フィルの演奏。育ての親、朝比奈さんが指揮をされる。そこに意味がある。聴きに行きたい」。教育者らしいおっしゃり方で、5月3日のコンサートに私を誘ってくださいました。二人で遠出するのは、このときが初めてです。

先生はクラシック音楽がお好きでした。他愛のない話にときどき音楽の話があったのを思い出します。本当は、ベートーヴェンよりもショパンのピアノ曲がお好みだったと思います。リウマチで手に痛みを感じる前は、ご自分でもピアノを弾かれていました。私も音楽が好きで、子どもたちは何か楽器が弾けたらいいなと思い、「どなたかいい先生、ご存じないですか」とお訊きしたことがあります。塚本先生は「鈴木メソードがいいわよ」とおっしゃったので、私は上の二人の子どもを鈴木メソードのヴァイオリン教室に通わせ、一番下の子にはピアノを習わせました。

前年までの塚本先生は、持病のリウマチで体調の悪い日が多く、体力がありません。ご長男の猪一《いいち》郎《ろう》さんに、「ベートーヴェンは好きだけど、この体力だと疲れてしまう」と、ぼやくことがあったと聞いています。それが、朝比奈隆のコンサートの新聞広告を見た頃には、「ベートーヴェンを聴くと、なんだか力が湧いてくる」と話すまでに体力が戻られていたようです。

タクトを振る朝比奈さんは90歳を超えていました。この機会を逃したら、もう2度と生で朝比奈隆のベートーヴェンは聴けないかもしれません。実際、翌年暮れに朝比奈さんは93歳で亡くなっています。演奏者がいて、聴き手の私たちの状況が許すタイミングは一期一会でしょう。単純に音楽を楽しみたい気持ちに加えて、私たちはそんな思いでコンサート行きを決めました。

プレイガイド以外に、コンビニエンスストアでもチケットが買えるようになったばかりの頃でした。私は、自宅近くのローソンで現地で合流する娘の分も含めて３人分のチケットを購入しました。

「あら、一番安い席でよかったのに」。私は一番安い席だと先生に失礼かと思って、少しいい席を買いました。それに対して、塚本先生らしい言い方で反応されたのです。お子様たちには惜しみなくお金をかけられましたが、ご自分のことになると、途端に倹約家になる方でした。

塚本先生は、朝比奈さん以外の指揮者の演奏で同じ曲を聴き、当日聴き比べようとされていたそうです。佐賀市水ヶ江《みずがえ》にあった「幼児室」兼ご自宅で大きな音量でＣＤを聴いていたといいます。春の昼下がり、「幼児室」のレッスンを終えて、お庭にロッキングチェアを出してベートーヴェンの交響曲を聴いていらっしゃった先生のお姿が目に浮かびます。先生も私もこの日をとても楽しみにしていました。

コンサートに出かける前の晩、先生からお電話がありました。「明日から博多どんたくが始まる。車が渋滞して開演に間に合わないといけない」とおっしゃいます。それで、13時20分発のバスを、一本早い出発のバスに変更することにしました。コンサートは14時半開場、15時開演で、佐賀から天神まではバスで通常は一時間ちょっとかかります。

もともと塚本先生は、「私は午前中仕事だから、電車にしよう。バスは時間がかかるから」とおっしゃっていました。チケットをおさえた時点で、５月３日の先生は、お昼近い11時40、50分まで「幼児室」でレッスンの予定が入っていました。それで最初はバスに乗るつもりはなく、電車で行くつもりだったのです。ところが、その後思案した先生から、「やっぱり、バスにしよう。高速バスなら、バスを降りたらホールまで歩いて行けるから」と言われ、高速バスに変更しました。

経路の選択が二転三転した末、私たちは、あの時刻のあのバスで「少年」と乗り合わせたのです。

「あのバスに乗る運命だったのかもしれない」

事件後、そう振り返ったものでした。

あの日はさわやかな五月晴れ《さつきばれ》で、気持ちのよい日でした。ところが私は、いつになく朝から身体がだるいのです。待ちに待ったコンサートだったにもかかわらず、同居している実の母に、「行きたくないなぁ」とつぶやいていました。ですが、コンサートのチケットは、塚本先生の分も私が持っています。コンサートを楽しみにしている先生を知るだけに、先生まで行けなくなっては申し訳ありません。だるい身体を押して、なんとか家を出ました。

自転車でバスターミナルまで行くと、先生は来ておられました。

「自転車を置いていました。お待たせして、すみません」と先生のもとに駆け寄ると、「私は、主人が車で送ってくれたの」と嬉しそうにおっしゃいます。

リウマチをわずらっておられた塚本先生は手足が少しご不自由でしたから、私は、先生のバスの乗り降りの便《べん》を考えて、なるべく前のほうの席に座ろうと思っていました。バスに乗ると、運転席の真後ろにはすでに小学校低学年くらいの女の子が一人で座っていたので、その後ろ、通路の右側、運転席から2列目の席に、私たちは腰を下ろしました。「天神に着いたら、おばあちゃんが迎えに来ているからねー」と、お父さんらしい人が乗降口の外からバスの中の女の子に声を掛けています。初めての一人旅なのでしょう。

68歳の塚本先生も50歳の私も、共におしゃべりが大好きです。先生は「アメリカでは遺伝子の治療にこんなものがあって……」と、ご自身が病をかかえておられたので、そんな話を飽かずにされていました。私はその日は、先生のおっしゃっている内容がまるで知らないことばかりだったので「はぁ…」「そうですか…」と聞く一方でした。

バスが動き出した後、最初に停まった金立《きんりゅう》サービスエリア内のバス停で、私は「バスから降りたい」衝動に駆られていました。朝の身体のだるさとは無関係の、自分でもなぜだかわからない不思議な衝動でした。そのバス停は乗車専用で、降車することはできません。

身体のだるさも、バスから降りたい衝動も、大きな事件に遭ったことで「虫の知らせ」だと思えば思えなくありません。絶対にそうだ、と言い切れないものの、そう思う私もいるのです。

塚本先生は、バスの中でしばらく話を続けていました。ふと見ると前の席の女の子が、座席の隙間から、何か言いたそうにこちらを見ているのに気づきました。私と目が合ったのです。私は女の子が一人旅で不安なのだろうと思って、大丈夫よ、という気持ちを込めて、手を振りました。今思うと、女の子は真横の「少年」の様子に気がついて、私たちに合図を送っていたのです。

それから間もなく、私のすぐ左斜め前、通路を挟んで左側の列の一番前に座っていた「少年」が、突然立ち上がりました。片手に大きな包丁を持っています。

「少年」が「後ろに下がれ」と言うので、皆が後ろに下がるとき、前の席の女の子に「一緒に行こう」と声をかけましたが、「この子は、ここに置いておけ」とすぐさま「少年」に拒否されました。

私たちは仕方なく「少年」の指示に従って、その子を残したまま後部座席に移動しました。通路側が危ないと考えた私は、塚本先生を窓側に、自分は通路側に座りました。

「少年」の顔は、無表情です。全世界に心を閉ざしたような顔をした「少年」の姿に既視感があり、つらいんだな、と感じました。これは事件後に考えたことですが、「少年」のつらそうな表情が、不登校をしていた頃の娘の姿とオーバーラップして、彼がつらいんだと、直感的に思えたようです。

バスの座席は、全44席。乗客は「少年」を入れて22人だったといいますから、「少年」に言われて、皆が後ろから詰めて座ると、半分より後ろに乗客が集まる格好になりました。乗客が固まった前に空席があります。見ると、空席の向こうに、ぽつんと一人座っている人がいるではありませんか。その女性の存在に気づくやいなや、「少年」は怒り出しました。

「お前は俺の言うことを聞いていない！　後ろに下がっていない！」

「少年」の怒声でその方は席を立ち、「家族の看病で疲れていて、居眠りをしてしまい、気づかなくてごめんなさい」と言いながら後ろに移動された途端、「少年」に首を刺されてしまったのです。

「ああ、この子は、本気だったのか……」

ようやく私が気づいた瞬間でした。それでも私は、「本気で人を殺したいとか、傷つけたいと思って生きている子どもはいない」と思いました。

「今『少年』の心は、本来の心ではない。どうか、正常な、本来の心に戻りますように……」

祈るような気持ちです。気功の勉強をしていたので、通路をウロウロする「少年」に、私は必死で

「気」を送りました。

しばらくすると「少年」は、座席に置いてあった乗客の荷物から、インスタントカメラを取り出し、「これは、スクープです」と言いながら、手にしたカメラで写真を撮り始めたのです。彼が私の座席横の通路を通り過ぎようとしたとき、「あ、今、彼の手を叩いたら、ひょっとすると、包丁を落とせるかもしれない……」という考えが頭をよぎりました。右手に包丁を持ちながら、その右手は左手と一緒にカメラを持ち、シャッターを切っていたからです。そうはいっても、彼はたった今、人を刺したばかりです。

「こういう逆上しやすい子では、叩きそこなったら必ず殺される……」と考えた私は、先生に合図を送ることはしませんでした。出会った頃の、もう少し若くて元気な先生と私なら、二人でなんとかしていたかもしれません。それほど彼は、ほっそりしていました。

座席を移動する際、目配せするつもりで塚本先生のほうを一瞬だけ見ました。先生は、怯えた表情をなさっていたのでたじろぎました。私の知る、強くて毅然《きぜん》とした先生とは思えない様子です。本気にしていなかった私とは対照的でした。先生は持ち前の勘の鋭さで、ご自身の死を予感しておられたのではないかとさえ思います。ですから「少年」に見つからないようにアイコンタクトを取り合うとか、二人で協力して行動を起こすことは、とてもできないと判断せざるを得ませんでした。

乗っ取られた後もバスは、高速道路を走り続けています。「少年」の指示によって皆でカーテンを閉めたので、外の景色は見えないままでした。私は、コンサートを一緒に聴くために会場であるアクロス福岡のホール前で待っている娘のことを考えていました。娘は福岡で下宿して高校に通っていました。塚本先生の教え子でもある娘は、バスが到着する時刻になっても私と先生が来ないので、心配しているだろうと気がかりだったのです。

同じ頃、会場で待っていた娘はといえば、開演時間になっても私たちが来ないので、15時過ぎに夫に、「アクロス福岡にお母さんたちが、まだ着かないけど……」と電話をしたそうです。夫は、「博多どんたくが始まっているから遅れているかも。もうしばらく待ったら」と、その時点では呑気に返事をしたそうです。

通　報

しばらくして運転手さんが、「トイレ休憩も必要じゃないか」と、「少年」に声をかけてくれました。

「そうだな」

「少年」は素直に応えました。

「駐車場ではない道路の路肩に停めろ」

「少年」の指示のもと、運転手さんは路肩にバスを停めました。このとき運転手さんは「少年」に気づかれないように、高速道路に設置されている非常電話付近にバスを停める配慮をされたようです。

「トイレに行きたい者っ」

「少年」が言うと数人が手を挙げましたが、私も塚本先生も手を挙げませんでした。

手を挙げた人たちを車内前方に集めると、「少年」はいったん「二人ずつ」と小声で言い、「いや、一人ずつだな」と言い換えました。

そういう経緯を経て、一人の方がバスから降りました。バスは目的地の福岡天神をはるかに過ぎて、九州から本州に渡る手前の門司インターチェンジあたりまで来ていたそうです。バスを降りた方は、降りると非常電話があったので、そこから警察に通報してくださったようでした。運転手さんの配慮が功を奏したのです。

その方は、しばらく戻ってきませんでした。間もなくバスの前に一台、また一台と乗用車が停まりだしました。道路の路肩にバスが停まり、非常電話をかけていたので、何かあったと思ってくださったのでしょう。

ところが、その異変に気づいた「少年」は、運転手さんに包丁を向けて声を荒げました。

「あいつ、裏切った。バスを早く出せ」

そのときの激昂のしかたは尋常ではありませんでした。

「早く出せ！　早く出せ！」

「少年」は、何度も何度も繰り返して運転手さんを急《せ》かします。

緊迫した空気の中、運転手さんはバスを降りた一人を路上に残して、出発。

「少年」はバスが出発したのを確認するや、スタスタと後ろのほうに来ました。私と塚本先生は、乗車したときにバスの前のほうにいたので、後ろに下がっても、乗客集団の前に座っていました。

「あいつは裏切った。連帯責任です」

と言いながら、私の顔面に包丁を振り下ろしました。

私は、反射的に両手で顔を覆いました。その両手首を、少年が何度か切りつけました。さらに後頭部を切られた私は、座席に座っていられなくなり、「キャー」と、言うともなく悲鳴をあげながら、我が身ではないように身体が倒れていきます。まるでスローモーションか何かのように、ふわーっとした感覚でした。私は床に転がり落ち、通路にしゃがみ込む格好になっていました。「少年」に切られる寸前、死んだ父の姿が目の前に浮かびました。大好きだった父に守られているような感覚の中で切りつけられたので、あまり怖くなかったのだろうか、と後になって思ったりもしました。

「連帯責任です」

あのときの「少年」の言葉は、鮮明に記憶に残っています。

客観的には、自分勝手で筋の通らない言い分に聞こえるものであれ、彼は人を切りつけるときに、必ず、その理由を言いました。私が切られた理由は、一人の人が「裏切った」「連帯責任」だったのです。

「ああ、彼は、この言葉で傷ついていたのだろうなぁ」

意識が薄らぐ中で、そんなことを考えました。私の長男も中学校で「連帯責任」と言われて傷ついています。「とても嫌だった」と、今にも泣き出しそうな顔で帰って来たことが脳裏に浮かびました。「僕は何もしていないのに、僕たちも体育館で正座をさせられた。あまり長時間になったので誰かが先生を呼びに行ったら、先生は『あ、忘れてた』と言って『帰っていいぞ』になった」と、理不尽さに悔しがっていたことがあったのです。

最近では「連帯責任」という言葉で子どもを責める人はいないかもしれません。ですが、たとえ言葉が違っても、その時代その時代に、誰かを不当に傷つけてしまう言い回しがあるのではないでしょうか。「少年」の「連帯責任」は、そんな言葉のように響きました。

ふと見ると、床が真っ赤です。私が流した私の血でした。傷がある感覚はありましたが、痛みはありません。痛みがないことは、本当に幸運でした。真新しい包丁でスパッと切られたので、痛みを感じられなかったのでしょう。

自分の血で真っ赤になった床を見ながら、「この子の心は私の身体の傷と同じぐらい傷ついていたのだ」と感じました。

「今私が死んだら、この子を、殺人者にしてしまう……」

自分でもなぜ湧いてきたのかわからないその思いをかき抱きながら、私は傷の浅かった右手で全体重を支えていました。

「少年」は私に向かってデタラメに包丁を振り回したので、左手には、たくさん傷があります。左手の傷は骨まで達していて、自分の真っ白い骨が目に映りました。骨の見える左手を、私は目の前の座席の肘掛けに置いていました。心臓より高く置いていたのが結果的に良かったようです。無意識でした。その一方で、意識して、「横に倒れたら、出血多量で死ぬ」と思ってもいました。

「座わり続けなければ……」と下腹に力をいれて、右手で身体を支えていました。

痛くないとはいえ、出血は、相当量です。じきに意識が朦朧《もうろう》としてきました。

意識が遠のいていくことがわかるので、「このまま死んでいくのだな……」と思いました。死と生、どちらに転んでもおかしくない状況にあったことは、事実でしょう。その日は塚本先生との初めての遠出ということで、「よそゆき」で少しおしゃれをしていました。自分で仕立てて一度も袖を通していなかったシルクの黒のパンツスーツを着ていたのです。

「わぁー、死ぬときに黒、着てるなんて、話、できすぎぃ」などと、遠のく意識の中で他人事のように面白がっている私がいました。以前に読んだ臨死体験の本に「スーっと光に吸い込まれていくようで、気持ちがいい」と書いてあった、まさにそんな感じです。それが、私が死と生の境界線上に置かれていたときの内面でした。外からどう見えていたかとは別に、私の内側には、私にしかわからない体験が存在していました。

薄れる意識の中で

「おばさん、生きていますか」

「少年」が言いました。彼は車内を行ったり来たりしています。そのときの私には意識があったので、「はい」と素直に答えました。他の乗客の方は、相当重傷を負ったように見えた私が返事をしたことに驚愕されたと、後で聞きました。そのときの私の思いは「素直に応じたほうがいい」というものだったので、「はい」と言ったにすぎません。

「チェッ」

「少年」は舌打ちして私を足で軽く蹴っていきましたが、もう刺そうとはしませんでした。

意識が遠のいていくのを感じてはいましたが、自分ではずっと意識があるつもりでした。後でこのときのことを聞くと記憶にないことが多いようなので、意識がないときのほうが長かったのかもしれません。「少年」が「このバスは地獄行きだ」などと言っていたと聞きましたが、「少年」の罵詈雑言は、まるで覚えがありません。

二人の方がバスの窓から飛び降りたのも知りませんでした。私に意識がなかったからなのか、座席の間の床にへばりこんでいたので座席に視界が遮《さえぎ》られていたからなのかは、わかりません。

横にいた塚本先生が刺されたこともわかっていませんでした。私が刺された少し後だったそうです。

「乗客が二人逃げた」ことを理由に、塚本先生は「少年」に、二回刺されたと聞いています。

事件後、窓から脱出したお二人に対して、誹謗中傷がありました。この二人の行為が塚本先生を死に追いやったというのでしょう。お二人は仕事を続けられなくなったり、住んでいた地域にも住めなくなったりしたと耳にして、胸が痛みました。事件の後で私を見舞いに来てくれた知人も「逃げた人は卑怯よね。自分が逃げたら誰かが刺されるってわかっていただろうに……」と言いました。

「それは、現場を知らないから言える言葉よ」

私は、知人の言葉を遮らずにはいられませんでした。人が生きるか死ぬかの瀬戸際に追い込まれたときは、自分のことでいっぱいです。自分の生存以外のことを思う隙が微塵も残らなくなるのは本能でしょう。本当に自分のことしか考えられないのです。

トイレに出た人が通報した見返りとして私が刺されたのだから、下手に何かすれば、他の人が刺される。だから「少年」を刺激しないように何もすべきでなかった、と考えるのが合理的かもしれません。ましてや自分たちだけ逃げるとは自分勝手も甚だしい、と。たしかに客観的に事実だけを追えば、そうなのです。ですが、それは、「他人事《ひとごと》として見れば」なのです。自分が渦中にいるとき、刻々と状況が動く緊張の中、一瞬一瞬の判断は、後付けで批評などできません。

私たち乗客は、等しく、殺されるかもしれないところに追い詰められました。逃げた乗客の方も、刺された人も、座っていた方々も、みな同じ恐怖を味わいました。その恐怖こそが、何にもまして大きな被害だったと思います。「少年」によって死と背中合わせという体験をしたことにおいて、同じ被害を受けた、同じ被害者なのです。あのバスに乗ってあの場を経験していない人には、わからないと思います。

「次、誰か逃げたら、お前の番だからな」

塚本先生が刺された直後に、私のすぐ横の座席にいた若い女性が言われたそうです。それも私には、記憶がありません。耳に入っていなかったのです。塚本先生が刺された姿を目の当たりにしたり、「次は自分かもしれない」という恐怖に耐えながら長時間バスの中にいた方々が、どれほどつらかっただろう、と想像します。

ふと意識が戻ったときでしょうか、塚本先生のほうに目をやると、先生が座席でぐったりしているのがわかりました。座席の下には大量の血があるのが見えました。

「先生。倒れたら出血多量で死ぬから、起きて」

そう言いたいのですが、言葉が出ません。自分の身体を支えることだけで精一杯の状態です。先生に声をかけたり、ましてや助けたりすることは、できるはずもありません。ただただままならない自分の身体を支えること。それだけが私に残された唯一できることだったのです。

次に誰かが逃げたら

「少年」は潔癖な子でした。途中、乗客全員に「携帯電話を出せ」と言いました。まだスマートフォンが出ていない頃です。今でいうガラケーをみんなが出すと、「少年」は足で携帯電話の山を蹴り寄せていました。通路が常にきれいでなければ気が済まないのだと感じました。後になって、そのふるまいは彼の生きづらさと繋がっているのだろうか、いないのだろうか、などと考えたりします。

ともかく、そういう潔癖症的なところのある「少年」です。通路で血を流してしゃがみこんでいる私の存在は目障りだったのでしょう。

「そこのおばさん、邪魔だからどけ！」と怒鳴られました。怒鳴っただけでは済まなくて、何かされてはかないません。ところが、しゃがみこんでいる私の真横の席に座っていた人が足元に私を引き入れてくれたので、助かりました。引き入れてくれたのは、若い女性でした。塚本先生が刺された直後に「次はお前の番だ」と言われた女性です。彼女は友人と一緒にバスに乗っていました。

「これでもう刺されなくて済む」

そう思って、心の底からホッとしたことを覚えています。

ところが私はホッとしたあまり、自分の身体を支えられなくなり、バスの壁に倒れ込むことになったから大変です。倒れた途端、座席と座席の間の狭い空間にあった私の身体が、降車ボタンを押してしまいました。

「キンコーン」

いきなり車内に鳴り響いた音に「少年」は驚いて、「誰だ！　ボタンを押したのはー！」と怒りをあらわにしました。私は姿勢を立て直そうとしますが、思うように身体が動きません。それどころか、姿勢を立て直そうとモゾモゾしたために、かえって降車ボタンを何度も押す羽目に陥りました。

「キンコーン」「キンコーン」「キンコーン」

立て続けに鳴る音に、「少年」は神経質そうな声で、また「誰だ！」と叫んでいます。そのとき、私を引き入れてくださった女性と連れの女性が、私の姿勢を立て直してくれました。二人によって再度、事なきを得たのです。

「見張りに立たせてください」

ふいに、私を引き入れてくれた方の連れの女性が立ち上がりました。17、18歳くらいでしょうか。「勇気のある子だなぁ。すごい子だなぁ」と思いました。記憶が飛びがちな中で、この出来事は覚えています。彼女は「誰も逃げないように見張る」と立ち上がったのでした。次に誰かが逃げたら自分の友人が刺されるのです。ですが、そのときの私は状況がまったくわかっていなかったので、「『見張り』って、何のことだろう」と、ポカンと聞いていました。それにもかかわらず、大きな感銘を受けていました。意味がわからなくても、事態が良い方向に向かっているのか、悪い方向に向かっているのか、そういう感覚は感じられるようです。緊迫した局面で、立ち上がって自分の意思を表明した若い人が現れたことへの感銘でした。

後になってから、「少年」の苛立ちが収まったのは、この女性が「見張りに立つ」と言ったからではないか、と思いました。一人対他全員、という対立の構造が崩れたのです。バスの中での良い意味での転換点だったのではないでしょうか。同じ勇気を出した発言でも、仮にあそこで「あんた、なんしよん、こんなことしたら、いかんやろ」と否定的な言葉を投げかけていたら、もっと彼は激昂したかもしれない、と思うのです。

事件から10年ほど経った頃、「見張りに立つ」と言った女性に会う機会がありました。17、18歳だと思った二人は同級生で、当時短大生と社会人だったと、そのとき初めて知りました。「見張りに立つ」と言った少し後で、「少年」は彼女に「何か欲しいものは、あるか?」と尋ねたそうです。「少年」は、彼女が自分に寄り添っているのを感じてそのような言葉を発したのではないか、と思った私は、「どうして寄り添うような立ち方ができたのですか?」とその女性にお訊きしました。「私は、殺人とかが書いてあるような事件ものの本を好んで読んでいたので、事件を起こす側の気持ちが少し理解できたのかもしれませんね」というお返事でした。

そんな彼女は、事件を起こした「少年」が発した「何か欲しいものは、あるか?」の問いに、「簡易トイレと食べ物や飲み物や毛布が欲しい」と答えたそうです。乗客全員のことを考えての品揃えです。「少年」は携帯電話で、女性から言われたものを警察に要求しました。差し入れ品が届いたとき「次は、お前の番だ」と言われた女性も立って、二人一緒にそれを他の乗客に配ったそうです。

その頃テレビでは、何時間も何時間も延々と、私たちが乗ったバスを変化のない外側から映し続けていたと聞きました。そこからはもしかすると、ただただ恐怖だけが伝わったかもしれません。ですが、バスの中では、大変な中にあっても、こうした心と心の回路が繋がるようなやりとりがあり、終息へと舵が切られようとしていたのです。

救出

バスが停まったのは、東広島市の奥屋《おくや》パーキングエリアでした。

警察から「ケガ人だけでも出してくれ」という要求がありました。それに対する見返りとして「少年」は、「ピストルに弾を一発入れて、持って来い」と要求します。警察官は「短銃は渡せない」と時間をかけて丁寧に説得されました。「少年」は説得に応じることにしたらしく、「それなら防弾チョッキを持ってこい」と要求を変えます。

「ピストルに弾一発」というのは、自殺を考えたからなのか、「防弾チョッキに要求を変えた」のは、殺されたくないと考えたからなのか、「少年」は自分の命をどう思っていたのでしょう。自分を大切に思えない状況を生きてきたのではあるまいか、と後で気になりました。

現場に警察から防弾チョッキが届けられると、「少年」は「これは偽物だ。本物を持ってこい」と腹を立てました。事前にインターネットで、防弾チョッキに重装備と軽装備があることを調べていたのでしょう。警察は警察本部まで取りに行かれたのか、そこから待たされた時間がかなり長かった気がします。「少年」もイライラしていたと思います。

そんなとき、見張りに立ってくれた女性が警察官に向かって、「中にはケガ人のおっとよー、防弾チョッキ、はよう持ってこんねー（中にはケガ人がいるんだから、防弾チョッキ急いで持って来てください）」と叫んでくれました。そのとき「少年」は、「おい、あんたんごと言う人、すいとー（僕、あなたのように言う人、好きです）」と言いました。女性も「少年」も佐賀の言葉を話していました。

そんなやりとりの後、ようやく防弾チョッキが「少年」の手元に渡りました。

「これで私たちは、助け出される」

そう思った瞬間、「少年」は、私に悪態を浴びせてきました。

「こいつ、しぶといなー。殺してやろうか！」

私に対する、最後の最後のセリフです。身の毛がよだちました。私が自分の力で身体を起こして座れているのが癪に障ったのでしょうか。

「もう、よかやんね」

ここでも、見張りに立った女性の一言が効きました。その言葉で、「少年」は気持ちを収めたのです。彼女の「もう、よかやんね（もう、いいじゃない）」がなかったらどうなっていたことか、と今でもゾッとします。

「少年」の指示で、刺された私たち3人だけが先にバスから出されました。てっきり乗降口のドアから出されると思っていましたが、「少年」の指示で私たちは、窓から出されることになります。「少年」は、乗降口のドアが開くと警察が入ってくるかもしれない、と警戒したのかもしれません。私たちは他の乗客の方に抱えてもらいながら、バスの窓から救急隊員の方の手に渡してもらいました。

「助かった」

それだけでした。他の乗客は大丈夫だろうかと思う余裕はありません。私の前に刺された女性、私、塚本先生の3人は、そこで外に出されましたが、他の乗員乗客の方はまだバスの中です。そのまま、次の小谷《こだに》サービスエリアまで運ばれ、そこでようやく他の全員が無事に救出されたと、後で教えてもらいました。

残りの乗員乗客全員が救出される前に、「少年」の両親と、彼の精神科の主治医がサービスエリアへ呼ばれていたそうです。事件を起こしたとき「少年」は、精神科に医療保護入院していました。許可をとっての外泊中に起こした事件だったのです。入院先の主治医と両親が、「少年」を説得するためにいました。まずは、精神科医の方が説得に当たられましたが、「少年」は逆上してしまったそうです。後日、私は「少年」の両親とお会いしましたが、「あのとき私たちも説得したかったけど、説得させてもらえませんでした」と聞いています。

そのときどきの状況の違いがあるので一概には言えませんが、入院していた病院で、「少年」は、担当の精神科医に心を開かないまま、信頼関係のないままの入院生活ではなかっただろうか、と思われてきます。バスの中で「少年」側に立って動いてくれた女性に対しては、素直に従う「少年」の姿がありました。交渉した警察官の言葉にも耳を傾けていました。自分を一人の人間として認めてくれる人、自分のことを尊重してくれる人の言葉には、誰でも素直に聞き従うものではないかと思うのです。

2　リハビリの日々

バスから救出された私たち3人は、救急車で病院に運ばれました。刺されてから何時間経っていたでしょうか。

搬送途中の救急車で、私の顔の大きな傷を見て救急隊員の一人が、「この方は結婚していなさるじゃろーか」と心配そうに話されていました。それを聞いた私は「クックッ」と笑いたくなりました。

私などが若い頃の女性観からすれば、「こんな顔になって嫁の貰い手があるだろうか」と言いたいのでしょう。結婚どころか子どもも３人もいるのに、私を何歳と考えてのことだろうと思い、おかしくてたまりません。緊迫した状況から突然解放されたとき、人は愉快な気持ちになると聞いたことがありますが、まさにそのことを体験したのでした。

そのような気持ちのときに、

「一人はダメじゃったんじゃと—」

別の救急隊員の方がおっしゃるのが聞こえました。それを聞いて、塚本先生が亡くなられたことを知りました。悲しいとかつらいとかいう感情は、何もありません。

「塚本先生は、亡くなられた」

事実を伝える情報だけが身体の中を通り抜けていきました。もっと回復してから知ることになっていたら、どんなに気持ちが重くなっていたことでしょうか。それなのに、そのときのその情報は、聞いたときの状況も含めて聞き流せるような軽さでした。

私は神様を信じているわけではありませんが、もし神様がいらっしゃるとしたら、人生の大きな危機といいますか、大変な出来事があったときには、神様が感情に蓋をしてくださるのかもしれないなと思います。それで、他の人が想像するほど心が苦しいということもなく、心は動かなかったのかもしれません。

後で知ったところでは、私が誰なのか、いつまでもわからなかったそうです。ずっと「身元不明の重傷者」だったのです。周囲の方が私をどう見ておられたかわかりませんが、救出されたとき私の意識は、ありました。ですが誰も私に名前を尋ねなかったのです。それで、ケガ人の一人である私の名前が長く判明しない状態になっていたようです。

夫は、15時過ぎの娘からの電話には呑気に返したものの、事件がテレビに映し出されたのを観て、私が巻き込まれたことを確信したそうです。そこで、塚本家にも「二人が事件に巻き込まれているようだ」と連絡しました。そしてすぐ佐賀警察署に電話をしましたが、状況はよくわからなかったようです。あちこちに電話をかけても何もわからず、重たい気持ちで、テレビで人が救出されるのを観ていた頃、広島県警から電話が入ったそうです。

佐賀警察署に被害者家族と思われる人たちが集められていて、バスで広島に向かいました。我が家の家族・塚本先生のご家族も他の被害者家族と一緒に東広島まで乗っていきました。バスの中のテレビでは事件の様子が流れていて、とても重苦しい空気だったと夫は言っていました。東広島でバスを降りてから、塚本先生のご家族は警察の車で東広島警察署に向かわれたそうです。そこで事情聴取を受けられ、その後、先生のご遺体を確認されたということでした。我が家の家族は広島南警察署から警察の車で、私が入院している病院に向かったそうです。その車の中で息子二人は事件の犯人への怒りで殺気立ち、娘も生まれて初めて味わう血が逆流するような感覚で、何が起こっているのか気が動転してわからないまま、それでも誰に対するかといえば犯人への、「お母さんに何かあったらどうしてくれよう」という気持ちで乗っていたようです。

病院で私は一週間、集中治療室に入っていました。

搬送後の手術が長時間にわたったことは、事件後しばらく経ってから聞きました。指を動かす筋や血管などが切断されていたので、拡大鏡なども使って、相当の時間をかけて縫合されたと聞いています。輸血もかなりの量だったそうで、見ず知らずの方々のたくさんの血液をいただきました。多くの方々の善意や労力や気働きのおかげがあって、私という一人の人間の命は、繋がったのです。

術後どのくらい経ってからでしょうか、鼻に麻酔のマスクを着けた状態で目覚めました。昼なのか夜なのか、手術が続いているのか終わったのか、わかりません。不安でたまりません。意識は朦朧としています。それからしばらくの間、マスクを着けたままでした。看護師さんに「私、意識がありまます」と手を挙げてアピールを試みたりもしました。身体は石を抱えたように重く、だるい上に、動かすことがままなりません。麻酔をされた身体は、自分の身体ではないようです。この時期が、身体的なつらさのピークでした。

「あのまま死んでいたほうがよかった」

そう、バスの中で意識が遠のいたときの心地よさを思い出しては、思いました。

「塚本先生は、こんなつらい思いをせずに、亡くなってよかったね」と先生を羨ましく思っていたほどです。

集中治療室に6日間いた後、一般病棟に移りました。両手ともギプスで固められ、首も動かないように固定されていた私は、一人では何もできない状態でした。食事は、夫がいるときは夫に食べさせてもらい、ほとんどは看護師の方に食べさせてもらいました。トイレの介助などもしてもらっています。要するに、生きていくすべてを他人に委ねていました。

その時期、目を閉じると、バスの中で自分の血を見ていたからでしょうか、まぶたの裏が血の色に見えていたのです。バスの中以来、被害者意識が薄かったとはいえ、それを見ることに恐怖がありました。着ていたものが黒で、服に付いた血の色が目立たなかったことは幸いでした。これが白や薄い色の洋服だったらもっと赤い血が際立って記憶に残り、恐怖も増していたかもしれません。

夫は仕事を休んで、しばらく付き添ってくれました。広島に仮住まいをして、そこから日々、病院に通ってくれます。広島県警の方が病院にいる夫のところに毎日のように顔を出して、一人住まいの援助や相談に乗ってくださったそうです。たとえば、警察の方に「困っていることはありませんか」と聞かれたので、「病院に来るのに自転車がないと動きづらいので、何とかなりませんか」と伝えると、すぐ自転車を調達してくださいました。私が少しずつではあっても元気を取り戻したのは、夫がそばにいてくれたおかげです。この入院生活は、私たち夫婦の関係に新たなスタートをもたらしたかもしれません。

そんな夫でしたが、事件後、私の元に駆け付けたときに最初に発した言葉は、「家族はお前がいなくても頑張っているぞ、お前も頑張れ！」でした。励ましてくれているのはわかります。ですが、寝ているのがやっとの状況で「頑張れ」と言われても頑張りようなどない、というのが正直なところでした。献身的な夫に言われてさえ、空疎な言葉として響いたのです。心身が極限状態のとき言われた「頑張れ」は、酷な言葉でした。

一方、精神科医の先生が私のところにいらっしゃったときの声かけは違っていました。一般病棟に移ってすぐだったと思います。

「山口さん。大変でしたね。おつらかったでしょう」

言葉が全身に優しく響きました。それを境に、まぶたの裏が血の色だったのが、日に日に薄桃色に変化していくのがわかりました。自分に本当に必要な言葉をかけてもらわなければ癒しにはならない、と身をもって確信した体験でした。言葉の持つ力を感じました。その先生と夫を比較して、夫が悪いと言っているわけではありません。くどいようですが、夫の名誉のためにもその点は明言させてください。私も同じ立場なら夫と同じように言っていたかもしれません。

私の左手首には4、5本もの包丁による切り傷があります。手首から指先近くまでギプスで固められていました。執刀してくださった医師は、ギプスからわずかに出ている私の指先を触って、「この指、感覚ありますか？　この指は？」と毎日様子を見に来てくださいます。また、休みの日も普段着で様子を見に来てくださいました。毎日ということが、どれほど心強かったでしょう。

広島の病院では、医師や看護師、他の方も職責を問わず、お一人お一人がその方らしく、私という人間に、心をかけてくださっているのが感じられました。私が遠い佐賀から来ての入院だったので、広島に知り合いもなく、さびしい思いをしているのではないかと、佐賀出身の医師の方が何気ない風をよそおいながら、病室に立ち寄ってくださったこともありました。ある看護師の方は、佐賀から福岡までコンサートにわざわざ出かけるほどなので、私が音楽を好きだと思われたようです。私の好きそうな音楽をテープに録音してラジカセと一緒に持って来てくださいました。お忙しい中、時間をつくって私の話し相手に病室まで来てくださる看護師の方もおられました。私が必要を訴えなくても、私が考えている以上の必要を満たされている体験でした。

ところが、日を追うごとに身体が回復してくると、それと反比例するように、精神的には落ち込んでいきました。

塚本先生が亡くなられたことが実感になってくるにつれて、「少年」に対して「なんで、そんなことをしたの」と強く思いました。「少年」を問い詰めたいのか、本当に理由を知りたいのか、わからない「なぜ」という思いが募ります。17歳の子が、人を殺さずには収まらないほどになるのは、なんなのか、と、やるせなさでいっぱいになりました。「少年」を憎いというよりも、そこに至る前になんとかできなかったのか、という悔しさに似た気持ちでした。

その次に出てきたのは、「自分だけ生き残ってしまった。塚本先生やご遺族に対して申し訳ない」という気持ちでした。自分がのうのうと生きているのがつらく、どんどん、押しつぶされそうになっていきました。

私のふさぎ込み方があまりにひどかったのでしょう。見かねた夫が、佐賀の塚本先生宅に、広島から電話をかけてくれました。ご長男の猪一郎さんが電話に出られ、「山口さんだけでも生きていてよかった！　よかった！」と心から喜んでくださいました。その言葉でどれほど救われたでしょうか。塚本先生が育てた息子さんは、そういう方でした。お母様の死の悲しみのただなかにあってさえ、私に明日も生きてよい、と思える力を与えてくださる、成熟した人格の持ち主でした。

アメリカの精神科医ジュディス・L・ハーマン（一九四二〜）は、「回復のための第一原則はその後を生きる者の中に力《パワー》を与えることにある。その後を生きる者自身が自分の回復の主体であり判定者でなければならない。その人以外の人間は、助言をし、支持し、そばにいて、立会い、手を添え、助け、温かい感情を向け、ケアをすることはできるが、治療《キュア》するのはその人である」と述べています。

担当の医師や看護師の方々は、正しくそのようなケアをしてくださったのです。私は人と話すことが好きな中年女性です。そんな私の元に、時間をつくって楽しそうに世間話をしに来てくださる看護師の方々、手の指はちゃんと動くのだろうかと私が心配しなくてもいいように、毎日指先を触って

「大丈夫？」を重ねてくださる医師の方……。私に何かができたり、私が役に立つから尊重してくれているのではありません。それらは言葉になる以前の、心地よい感覚でした。夫の心遣いや猪一郎さんの言葉かけなど、さまざまな方からのケアがあり、自分でも気づかないうちにパワーをもらい、主体的に回復していけたのかもしれません。

そのような中、ときどき、私の世話をしてくれている看護師さんが、子どもさんについて悩んでいることを話されたことがありました。何気ない看護師さんとのおしゃべりでのことです。塚本先生の生前のことをニュースなどで知り、私も子どものことに興味があると思われたのかもしれません。また別の看護師さんからは、ご自分の抱えている悩みを打ち明けられたこともありました。看護師が入院患者に相談をする⁉　そんなことがあっていいのだろうかと思うのが普通です。ですが私にとって、そのことが嬉しかったのです。看護師さんに頼ってばかりの自分が少しは頼られたという自信、とでもいうようなものだったのかもしれません。そんなとき私は、塚本先生や我が子から学んだことを頭に浮かべながらお聴きしました。内容は覚えていませんが、話をした看護師の方々は何となく笑顔になって戻って行かれます。

東北の震災のときボランティア活動に行った方が、「私たちが、地元の方から励まされ勇気をもらいました」と言われているのを聞いたことがありましたが、それと似た感じだったのかもしれません。

佐賀に戻る

ギプスが取れる頃には、季節は梅雨に入っていました。担当の医師からは「リハビリもこの病院でしてほしい」という申し出がありましたが、そのときの私には、家族のもとに帰りたいという思いが強くあったので、その申し出をお断りしました。

転院を決めたことで、担当の医師から「これからが大変です。リハビリは根気がいるので頑張ってください」と言われ、「転院する病院に精神科はありますか？」と尋ねられました。

そこで夫は間髪を入れずに、広島から、佐賀の病院のことを調べてくれましたが、転院する病院には精神科がありません。担当の先生は「精神科のある病院じゃないと……」と、精神科のない病院には転院させたくないご様子です。その頃私は、カウンセリングをさほど重要だと思っていなかったので、精神科の有無にかかわらず、佐賀に帰ることを決めました。後になって、事件や事故に遭った人はカウンセリングを受けたほうがいい人もいることが、理解できました。

広島に娘が一人で見舞いに来てくれたときのことです。私は、広島まで来てくれた娘に「あなたが不登校をしてくれたおかげで、あの『少年』のつらさがわかって、恨まないですんだよ。ありがとう」と伝えました。そして「事件のことを話すのに、あなたの不登校のことを話していい？」と尋ねました。「あなたの不登校のことを話さないでは、被害者の私が、〝『少年』がつらかった！〟と言っても、お母さんの『少年』に対する気持ちは誰にもわかってもらえないと思うから……。話してほしくないなら、お母さんは、この事件に関して一切話さないよ」ということが口をついて出てきました。

娘と「少年」は、同じ不登校という「困りごと」を抱えていました。娘は4月生まれ、「少年」は3月生まれ、わずかひと月違いで同じ佐賀で生まれています。しかし、娘と「少年」は紙一重で違う道を歩んでいます。どこが分岐点なのか、何が二人を分けたのかは、私の中で自分でも気が付かないうちに、潜在的な問いになっていました。

娘はしばらく考えていましたが、おもむろに「話してもいいよ。私は、お母さんやいろんな人に話を聴いてもらったから、よかった。『少年』には、話を聴いてくれる人がいなかったんだろうね。つらかったと思うよ」とハッキリ言ったのです。さらに「聴いてもらうだけでいい。答えは、自分で出すから」とも言いました。

この娘の許諾の結果、「少年」や事件への私の思いを、正直で、より正確にわかりやすく、他の方に伝えられるようになりました。それどころか、ありのままに語れるようになったことが、その後の私のあり方を方向づけたと言ってもよいでしょう。ですがそれは、佐賀に帰ってからのことになります。このときは、娘が不登校の経験を通して、こんなことを考える子に育っていたことに喜びを覚えるばかりでした。

一カ月に及ぶ広島での入院中は、つらいこともたくさんありました。にもかかわらず、いつも誰かがそばにいて、声をかけてくれました。押しつけがましくなく、私の心を尊重しながら、さりげなく。それによって、なんと不幸な目に遭ったのだろうと思う前に、なんと幸せ者だろうと。私にとって広島のイメージは原子爆弾の被害を受けたことです。大きな傷と痛みを知る町の人たちだから、こんな風に、傷ついた私への深い配慮ができる方たちばかりなのだろうか、と考えたものでした。いつもさりげなく!

広島での入院生活は日常の慌ただしさから完全に離れた場です。ゆったりとした時間の流れに身を任せて、私の存在に思いを馳せてもらえる幸せを感じながら過ごすことができました。

存在を受け入れられた経験。観念的な理解ではありませんでした。身をもって知った体験です。そしてその体験こそが私を深いところから変えたのではないか、と後々思うようになっていきました。

3 カウンセリングを受ける

事件から一年ほどは、客観的な意味で、自分がどういう目に遭っていたのかわかっていなかったと思います。たとえ他人が見たら異常なことであっても、私はその現実を「日常」として生きていました。事件によって自分の人生そのものが切断されたり分断されたりしているわけではありません。私の内側から見れば、事件前から続いている、一本しかない自分の人生を歩んでいるだけです。それを人生と言うのか、日々の営みと言うのか、何と言うのかはわかりません。事件後の私には、事件に巻き込まれて切りつけられて傷を負ったこともみんなひっくるめてが日常でした。自分が特別な目に遭っているとか、人と違って大変だとか、そんな風には捉えていませんでした。

佐賀に戻ってもギプスが取れたばかりで、手は使えない状態でした。右手は少ししか切られていなかったので、お手洗いは一人で行けましたが、着替えはできません。自分で着替えができるようになるまでの2週間ほど、リハビリ入院をしました。

ギプスをしていた両手は、それを外しても指が動かず、棒のようです。手をお湯に浸けながら、指や手首を自分で少しずつ動かして柔らかくしてから、リハビリの先生に動かすための訓練をしてもらいました。

この佐賀での入院期間、塚本先生のご主人平《たいら》さんと、長男の猪一郎さんが、そろってお見舞いに来てくださいました。私は二人の顔を見るなり、泣いてしまいました。

「生きているのがつらい……」

涙ながらに言いました。このときも猪一郎さんは、「いやあ。山口さんだけでも生きていてくれてよかったよ」とおっしゃいました。穏やかな口調でした。優しい声でおっしゃってくださったので、再度、救われる思いでした。

そして猪一郎さんは、「母の財布に入っていた……」とおみくじを読み上げてくださいました。

たとえ刃で刺されても怨むな　怨む心は炎となっては我が身を焼き尽くす

塚本家で毎年、初詣をする神社のものが、警察から戻ってきた遺品の中にあったそうです。

猪一郎さんは「母は、事件後の我々の心のあり方まで示唆して逝ってくれました」と伝えてくださいました。

感情を開く

佐賀に転院するとすぐに夫は、私がカウンセリングを受ける手はずを整えてくれました。広島の病院でカウンセリングを受けるように言われていたからです。

私は、精神科医が「大変でしたね。おつらかったでしょう！」と言って、私の意識に働きかけてくださったことが大きかったのでしょう。そこで、自分が大変な状況にいたことに気づくことができました。それでも、自分の感情の流れを俯瞰してわかるようになったのは、事件後一年以上経ってからです。それまでは、自分が今この瞬間、身を置いているただ中のことでしか事件を捉えていませんでした。そんな経験から、危機的状況で蓋をされた感情をいつ開けるのかということが、後でＰＴＳＤが出てくることに繋がるのかもしれないと考えたりもしました。

どんな事件だったのかは忘れましたが、子どもたちが巻き込まれた事件の後、大人にできることとして、「そのときすぐ、その子どもたちに『大変だったね』『恐かったね』と子どもを抱きしめて、言ってあげて……」と、あるカウンセラーの方が言っておられるのを聞きました。

「あぁ、やっぱりそうなんだ」と、他の人の経験を重ねることで、自分の感情を開く体験を改めて確認していくところがありました。

逆に、別の事件のとき被害者である子どもに「そのことは忘れなさい」と伝えているカウンセラーの方がいらっしゃるとお聞きして、「経験したことは身体の一部になっているから忘れることはできないのになぁ」と、自分が味わった身体感覚から、愕然《がくぜん》としたこともありました。意識にのぼらない記憶も感情も、「身に覚え」があるものです。それが大きな事件を通して得た私の実感です。

ところで、佐賀の転院先の病院に精神科がなかったにもかかわらず、私が事件後早い時期にカウンセリングを受けられたのは、「被害者支援ネットワーク佐賀（ＶＯＩＳＳ）」という団体があったからでした。ＶＯＩＳＳは二〇〇〇年四月に設立された団体です。私が事件に遭う直前にＶＯＩＳＳは立ち上がっていました。なんと幸運なことでしょうか。

ご厚意でＶＯＩＳＳ代表の精神科の医師が、私のカウンセリングのために、転院先の病院まで訪問してくださいました。

被害に遭うことは経済的・精神的・肉体的にも大変なことです。支援団体があるのはありがたいことでした。過剰な報道に対しても規制をかけてくださいました。他の被害者の方には、警察からサポートがあったように聞いています。それでも被害者の中には、報道関係者から逃れるために3度も引っ越した方もいらしたことを知り、気の毒に思いました。

以下はＶＯＩＳＳのリーフレットの内容です（当時）。


〈目的〉

被害者支援ネットワーク佐賀ＶＯＩＳＳはドメスティックバイオレンス、子どもへの虐待、性暴力、犯罪、その他の被害者やその家族等に対して支援を行い、誰もが今いる場で安全に安心して暮らす権利を保障する社会の実現を目的としています。


〈活動内容〉

○被害者等への相談活動
電話相談・電子メール相談・面接相談／被害者等への付き添い等の直接支援／自助グループへの支援
○被害者支援についての広報、啓発事業
ホームページの開設、会報発行／セミナー、講演会、シンポジウム等開催／パンフレット作成
○被害者支援に関する調査、研究
○ネットワーキング

多岐にわたって支援が行われているのです。リーフレットの最後には「話を聴くこと・共に考えること・情報の提供・各機関や病院への付き添いなど」と大きく書かれていました。

私は事件の被害者ですが、事件だけではなく、交通事故や虐待などさまざまな被害体験をされた方が多くいると思われます。まずは安心して人と繋がり、自分の気持ちをそのままで聴いてもらい、そして、現実的にもいろんな方たちに支援、サポートしてもらいながら、少しずつその人なりの暮らしを取り戻していかれるようにと願っています。

4　「居場所」のヴィジョン

実は、私のカウンセリングをしてくださった精神科医の方は偶然にも、以前から存じ上げている方

でした。娘が不登校になったときに通った県の適応指導教室「しいの木」に付随していた「親の会」でオブザーバーをされていた方だったのです。面識があるというだけで私は気負わず、随分と気持ちを楽にして話ができました。

先生は私の話を、「ああ、そうなの」と楽しそうに聴いてくださることもあれば、こちらがつらいときには、つらそうな顔で聴いてくださいました。自分の体験やつらかったこと、思っていることなどを話したり聴いてもらうことで、心が回復していきました。

このカウンセリングは私の心を整えただけでなく、その後の私の針路を決めました。

「あの『少年』にも、『居場所』があったら、こんなことには、ならんやったかもねぇ……」

面談のときに、精神科医からポロリと出た言葉です。

「ああ、そうだなあ」と、おなかにストンと落ちました。

「居場所」。なるほど、と思える言葉でした。今でこそ「居場所」という言い方は一般的になりましたが、その頃はまだ、そのような概念は一部の人のものだったのです。

私は広島で、娘が自分の不登校の話をしていいと言ってくれたときのやりとりを思い出しました。

「しいの木」は「適応指導教室」ではあったけれど、娘にとっては実質的な「居場所」になっていたのだ、と気づいたのです。そこには、学校に行かない娘を受け入れてくれる大人の方や、仲間がいました。そうした人々の存在が、娘にとっての居場所になっていたのです。物理的な身の置き所だっただけでなく、心の「居場所」でもありました。だからこそ、娘の心身は守られていたのでしょう。

しかし、「少年」には「居場所」がなかった……。このとき私に、一つのヴィジョンが芽生えました。

「『居場所』を創りたい」

元気になったら、「居場所」を創る……。

そうはいってもその頃の私は、自分の身の回りのことさえもまだよくできない入院中の身です。日々の生活を送ることで精一杯でした。思いは静かに温め続けることになったのです。

第2章
塚本先生と私

1　塚本達子先生との出会い

佐賀へ戻って半月ぐらい経ちました。なんとか自分のことが自分でできるぐらいに手や指を動かせるようになっています。そこまで回復したのを見てリハビリ担当の先生が、「後は、通院しながらリハビリをすることにしましょう」とおっしゃり、家に戻りました。

家に帰った頃、友人から「塚本先生の四十九日にお参りに行こう」と誘われましたが、行ける状態ではありませんでした。

「少年」の第一回審判が佐賀家庭裁判所で開かれたのは、その四十九日の少し前の、6月16日です。私が先生のご仏前に手を合わせたのは、8月のお盆になってからでした。そのとき平さんとお話をしました。

「今日は、山口さんと夕食をすませてくるから、帰りは遅くなると思う」

先生が平さんに話した最後の言葉だそうです。

「さみしいから、早く帰って来いよ」と平さんは先生におっしゃったそうですが、先生は無言だったと言います。

私たちが事件に遭う2日前の5月1日に、愛知県豊川市で17歳の少年が65歳の主婦を殺害する事件が起きます。先生は少年が起こした事件だということで気に留めておられました。「親が変わらんば、こういう子は、救えん」と。

また、以前教え子の親御さんに「私は、少年に我が子を殺されても恨まない。この社会を作ってきたのは私たち大人だし、教育は、私たち教育者の責任だから」と話していたとも聞きました。

先生を知るきっかけ

そんな塚本達子先生を私が知ったのは、子どもがまだ小さいときに、佐賀新聞の記事とタウン誌と2度、記事を読んでいたことからでした。記事を読んで、塚本先生という人物に興味を持ちました。記事には28年間続けてこられた小学校の教師を辞めた理由が書いてありました。

「東に向かっている列車の中で西に向かおうとしても無理な話で、西に行きたいならその列車から降りるしかない」

塚本先生は、一人一人の子どもの個性を大切に育てたいと考えていました。ですが集団の協調性を重んじる学校教育の現場では、その実践は難しいことだったようです。それを、東に向かう列車に喩えられたのです。私は「面白いことを考える方がいらっしゃるなぁ」と、とても印象に残ったので、記事を切り抜きました。そして長い間、記事を持っていました。読んだ頃は、自分の子育てに不安を抱いていなかったからです。

塚本先生の「幼児室」の門を叩いたのは、両親と同居し始めた頃でした。長男4歳、長女2歳、次男は生まれたばかりでした。

私自身は二人姉妹の次女です。姉は結婚で遠い茨城に行ってしまい、私の方は結婚しても両親のいる佐賀に住んでいました。結婚当初、両親とは別々に暮らしていましたが、だんだん親が年老いていくのを見て、「一緒に住んだほうがいいのかな」と思って同居に踏み切りました。私から見ると、母はとても頑固でわがままです。自分の親との暮らしは互いに遠慮がない分、夫の親より大変なのではないかと実感しました。お互いに傷つけあっているようなところがあったのです。

そうこうするうちに塚本先生の「幼児室」を思い出したのは、長男がきっかけでした。次の年に幼稚園に入るというのに、どうも、その長男がぐずぐずしているのです。

「この子、幼稚園でちゃんとやっていけるだろうか」

そこで、取っておいた新聞とタウン誌の記事を引っ張り出してきて、先生に連絡をしました。

「4歳児は、いりません」。そうキッパリ言われたのは、「幼児室」に初めて行ったときです。先生が開口一番「何歳ですか」とおっしゃるので、「4歳と2歳です」と答えると、「4歳児はいらない」とおっしゃったのです。先生はハッキリものをおっしゃる方でした。

「幼児室は3歳までです。下のお子さんだけみましょう」と言われましたが、そもそも私が「幼児室」の門を叩いたのは、長男が心配だからです。

「長男が幼稚園に入園してやっていけるか心配で出かけてきたので、2歳の子もお願いしますが、おまけでいいので、上の子もお願いします」と食い下がりました。

「わかりました」と言っていただいたときには、ホッとしたのを覚えています。それからは、それぞれ週に一回ずつ、先生の「幼児室」に子どもを通わせることになりました。

2　塚本先生の「幼児室」

「幼児室」ではモンテッソーリ教育を軸にして、塚本先生が小学校の先生として培ってきたことを肉付けしたやり方で、子どもに接してくださるレッスンでした。

先生は48歳で小学校の教員を辞め、当時、北九州市八幡にあった「九州幼児教育センター」モンテッソーリ教員養成コースで学び、「幼児室」を始められました。最初、先生の教室は佐賀市の中心地、玉屋デパートの裏手だったそうですが、そのうちそこは子どもが増えて手狭になり、私が通ったのは長崎街道沿い、六座町《ろくざまち》の教室でした。その後教室は、佐賀市水ヶ江に移っています。

先生が希望に燃えてモンテッソーリ教育を学び始めた一年前、後に先生の命を奪うことになる「少年」が佐賀市内で誕生しています。私が門を叩いた六座町の教室は「少年」の家と近い場所にあり、そこに教室があった時期は、まさに「少年」が「幼児室」の対象年齢でした。そんなことを後で知るにつけて、塚本先生と「少年」とがもっと早くに、違う形で出会っていてほしかった、と、神様なのか運命なのかを、恨めしく思ったものです。

先生のアドバイス

「幼児室」では、部屋の中央に小さいテーブルが置かれています。壁側には、子どもの手の届くところに、市販のモンテッソーリの教具や先生手作りの教具が整然と並んでいました。

１レッスン、３人ぐらいでした。先生は「合いそうな子を一緒の時間に決めている」とおっしゃっていたように記憶しています。

子どもは自分がやりたい教具、興味のある教具を選び、中央のテーブルまで運んで「作業」をします。

「自分でやりたい教具を選び、それを自分なりに完成させて、元置いてあったところに戻す」この一連の作業の中で子どもは達成感を味わい、その積み重ねが子どもの人格を創る、とモンテッソーリ教育では言われています。塚本先生は子どもの「作業」の邪魔にならないように隅っこに座って、子どもたちの「作業」を見ています。塚本先生の「幼児室」でしているのはそれだけ、といえば、それだけです。

それでも、先生がご覧になると、どの教具を選ぶかでその子の発達段階がわかるようでした。イタリアの精神科医で教育者だったモンテッソーリ（一八七〇〜一九五二）の理論的裏付けだけでなく、塚本先生自身が教員時代に接した数えきれない子どもたちの姿と彼らへの思いがあったようです。小学校に入りたての子から、卒業して社会人になっていった多くの子どもを知る先生は、「小さな子を見ていると、その子が大人になった姿が見えてくる」と、よくおっしゃっていました。

教室で子どもたちが「作業」をしている間、保護者は隣の部屋で持ってきた手仕事をしたり、静かに本を読んだりしながら待ちました。子どもによって集中時間は違いますが、30～40分ぐらいして子どもの作業が終わると、子どもは先生が用意したおやつをいただきます。その間親は、先生から子どもの様子から見えることでアドバイスをもらったり注意を受けたり、親が子育てで困っていることなどを聞いてもらったりします。

落ち着きのない子や、他の子にちょっかいを出す子、いろいろな子がいます。それに対して、「ちょっかいを出しちゃダメよ」と3歳までの子どもに言ってもしょうがないわけです。先生は、「あなたンとこの子、乱暴だけん、テレビの時間はどうなっとると？　家でのテレビの時間を少し考えてとか、落ち着きがないと、「一週間、どうやって過ごしてきたの？」と訊いて、「今週は忙しかったから、親が子どもを連れまわしたな」などと考えるきっかけになるのです。実際、親が連れまわしすぎると子どもに落ち着きがなくなったり、ぐずぐず泣いたりがあります。それを「子どもから親へのメッセージ」と捉えるのです。また、動き回る子を目にされたときは、「今は外遊びが必要みたいね。しばらくここはお休みしましょう」と話されたこともありました。先生は、子どもの「人格」を育む必要を感じて、就学前の親に働きかけたくて「幼児室」を開いたと聞いています。先生は、子どもが小学校にあがってしまうと、子どもの人格の話を親に伝えても伝わらないことをご存じでした。学校で勉強ができるできない、といった表面的な見え方にばかり目が行って、親は「子ども自身」を見なくなる、とおっしゃるのです。

3　塚本先生の子どもへのまなざし

塚本先生のところに通うきっかけがきっかけでしたから、幼児室に通い出しても私は、「ぐず」な長男を矯正するアドバイスに飢え渇いていました。ある日私は、食事のときの長男の様子が情けなくて、先生に訴えました。

「息子が卵かけご飯を食べようとして自分で卵を割ったら、黄身が崩れたんです。そのときの情けないような顔。たかが黄身が崩れたくらいで半べそで『卵もう一コちょうだい』と言うんです。『ご飯にかけるなら黄身は崩すでしょ、どうせ崩れるんだから、それをかけて食べなさい』と応えたんです。そしたら息子はべそをかきながら、その卵かけご飯を食べたんですよ。もう、はがゆくて、情けなくて……」

「どうして新しい卵一つ、渡せなかったの」

「だって、もったいないじゃないですか！」。先生と私では捉え方がまるで違いました。息子のダメなところを直す方法を教えてくださると思っていたのに、直すところがあるのは私のほうだ、とおっしゃるのです。

「もったいないと思うなら、『崩れた卵は後で、卵焼きにでもしようね』と言えばいいじゃないの。あなたの子どもは、卵を割ったら丸い黄身が出てくると思って卵を割ったら、黄身が崩れてしまった。だから、もう一回やり直したかっただけでしょ。子どもにとって一つ一つが学習なのよ。そして、子どもは自分でイメージしたことを自分で達成する、その一つ一つの成功体験で、人格が育っていくのよ」

私は物のない子ども時代を過ごしたこともあり、物を粗末にしてはいけないということが骨の髄まで染み付いています。物を大切にすること自体は悪くないとしても、そこにこだわり過ぎていたようです。

また、通い始めてしばらくした頃のこと。数字の好きな長男のことで、先生が驚かれたことがありました。

幼児室では特に数を教えたりはされません。子どものやりたいことの邪魔にならないようなお手伝いだけです。

その日の幼児室は、長男だけが残っていて、とても静かでした。長男は教具で遊んでいて、足し算をし出したそうです。しばらくして先生が、「何か隠すものないかしら」と慌てて何か探しに部屋から出て行かれました。何が起こったのだろうと思っていたら、風呂敷を持ってきて長男のところに戻って行かれました。しばらくして作業が終わり、部屋から出てきた長男は満足そうな顔をしています。

そのすべての流れが私にはさっぱりわからないので、お聞きしたら、「教具で遊んでいるうちに足し算をするようになり、さらに掛け算まで考え始めたのよ」と、本当に感嘆して話される先生です。興奮冷めやらぬ先生の横に座りながら、私は目には見えないけれど、子どもの中に隠れている力があることに確信と喜びを感じ始めていました。

こうした具体的なやりとりの中で、塚本先生から、子どもの思いや育つ道筋を伝えてもらいました。

「子どもとは」ということが少しずつですがわかっていったのは、楽しいことでした。また、私自身が、どのような考えで子どもに接しているかに気づかされていきました。そのことは、それまでの自分が否定されて悲しいどころか、喜びでした。その積み重ねのうちに、長男が「ぐずぐずしている子」なのではなく、私が子どもの気持ちをわかろうとしないで自分の考えを押し付けていたために、子どもが戸惑っていたことが、自然と見えてきたのです。

また、幼児室に入室して7～8カ月経った頃だったでしょうか。夏休みになり茨城県に住んでいる私の姉の家族が遊びに来ていたときのこと。サイレンが鳴り消防車が何台も近くに来ているようでした。お昼ご飯を食べているときだったので、食べ終わった人から順にせわしなく様子を見に外に出て行きます。一家の主婦の私は食べ終わったみんなの食器を流しまで運んで、他の家族から少し遅れて外に出ました。我が家のすぐ近くの土手の下に流れている川の対岸の家が燃えていたのです。私が着いた頃には、ずいぶん燃え尽きていました。「お昼の準備をされていたのかなー。大変だろうなあ」と思いながら私は、家族より一足先に家に戻りました。

しばらく経って帰って来た長男は、火事の絵を3枚、画用紙に描いて、私のところに持ってきて見せるのです。私は雑に描かれた3枚の絵を見て、「火事の絵を描いたんだねー」と言ったきりでした。それを幼児室のとき塚本先生に見せるや、「あら！　すごいじゃない！」とおっしゃるではありませんか。何がすごいんだろうと思う間もなく、続けて「時間を追って火事の状況が描かれているじゃない！」と、驚嘆の声をあげてくださるのです。

「えっ！　そうなんですか」。驚くのは、私の番でした。

先生から言われて改めて3枚の絵を見ると、なんと「燃え盛る火の絵」、「少し下火の絵」、そして、「かなり鎮火した絵」で、描き分けられた連作だったのです。先生に言われるまで、私はまったく気づいていませんでした。さらに驚いたことに3枚それぞれの絵の横に、小さく時刻が記されていました。一瞥しただけで雑な絵だと判断して、何も見ていなかった自分の浅はかさを恥じました。

かくも塚本先生と私とでは、目の付け所が違っていたのです。幼児室から帰り、みんなにその話をすると、姉の連れ合いが「そういえば『今、何時』と何度も聞いていたなぁ。そういうことだったのか」と感心したように話しました。子どもの絵はいろいろなメッセージを含んでいるということ、塚本先生と私のように、見る人によって見え方が全然違うということを教えられた出来事です。

先生は常々、「子どもは、その子に興味があることから伸びていく」とおっしゃっており、その子が何に関心を持ってその作業をしているのか、という子どもの側の視点から観察されていたのです。

そんなある日、自転車の後ろに長男を乗せて、家から20分ほどある市役所まで出かけ、帰ろうとしたときです。長男が「帰りも行きと同じ道を通ってね」と言います。帰りは買い物をして帰ろうと考えていた私でしたが、気持ちにゆとりもあったので買い物は後回しにして、長男の言う通り行きと同じ道を帰りました。すると家に着くなり、「お母さん、『広い紙』ちょうだい！」と言うのです。大きなカレンダーの裏だったか何かの包装紙だったか、ともかく大きな紙を探して渡したら、物も言わずに、紙一面に何やら描き始めました。何を描いているのだろうと覗き込んだら、「うちから市役所までの地図だよ！」と嬉しそうな顔で答えたのです。「この子は、地図を描きたいために『同じ道を通ってね』と頼んだのか」。そこまで来てやっとわかりました。こんなに生き生きした長男を見るのは久しぶりです。長男の言う通りに帰って来てよかったと思い、目頭が熱くなりました。

それまでの私は、親や大人の考えや言うことに従う子がいい子だと思って暮らしてきました。だから自分の子どもにも私の考えに従わせようとしていて、それがしつけだと考えていたのです。

ところが塚本先生はモンテッソーリの教育論を引用して、「幼児といえども自由意志を持った一人の人間であり、自分でその人格を創りあげていく力を備えている。親や教師は、それを援助するだけでいい」とおっしゃるのです。ここでは「人格」という言葉で表現されていますが、モンテッソーリ教育では、「子どもの内的生命の発達の援助」というように、「内的生命」という言葉でも表現されています。

子どもを「大人が良しとする行動に導く」のが子育てだと思っていた私は、子育ては大変だと思っていました。ところが塚本先生と出会ったことで、子育てが楽しい発見の場に変わっていきました。子どもの言葉や行動の裏にある「心」を見る眼を塚本先生に育ててもらったからです。子どもの心を見る視点を得たことで、気づいたり、発見したりする楽しさを味わうようになりました。しかし、長年かけて出来上がっていた私の価値観や考え方を変えるには、さらに時間を要しました。最初は、私の心にゆとりがあるときだけしか子どもの立場に立てませんでした。忙しかったりして気持ちにゆとりがないときは、今まで通り自分のペースや考えに子どもを従わせようと躍起になっていました。子どものほうがけなげにも、そんな私に付き合ってくれていたと今にして思います。

4　塚本先生との信頼関係

子どもたちは、幼稚園や小学校に入る時点で先生が「もう卒業ね」とおっしゃって、幼児室へは通わなくなります。しかし私は親として、まだまだ子どもの気持ちを大切にした子育てができてないという自覚があり、私個人の自己確立のためにも、塚本先生からもっといろいろなことを学びたいと考えるようになっていました。その気持ちの赴くまま、塚本先生の空いている時間に合わせてお宅に伺ったり、画家をされているご長男猪一郎さんの絵の展覧会に誘っていただいたり、というお付き合いをし始めていました。お互いにおしゃべりが好きですから、何時間でもすぐに過ぎていきました。猪一郎さんは、事件後に新聞(毎日新聞佐賀面)で連載された手記「こぼれる涙」に、

山口由美子さんは母のことを『先生』と呼んでいたが、二人はまるで親友のようであった。山口さんは、時間をみつけては母と昼食を一緒に食べ、いろんな事を話していたようだ。道路に面した水ヶ江の幼児室の正面はガラス張りで、食事をしている二人の姿をよく見かけたものだった。

と書いてくださいました。

塚本先生はご自分が幼児室を開設するに至るまでの経緯を、かいつまんで話してくださったことが

あります。

「学校で子どもたちと、いろんなことを工夫しながら楽しい授業をやっていこうと思っても、校長先生や教頭先生は、文部省(当時)の決まりごとを押し付けてこられるの。私は目の前の子どもたちと向き合って学び合っていきたいのに、それがなかなかできないのね。そして、その子たちの持っている個性を伸ばそうと思って頑張っても、親も、子どもの持っている個性ではなく、学校の成績しか見ようとしない方が多いの。そういう人たちを目の前にして、ここ(学校)ではダメだと思ったのよ！子どもの成績の出る前の親と向き合って、子どもの教育について話し合いたいと思ったわ」

子どものことを話されるときの塚本先生は、情熱いっぱいでした。私は、これまで自分が考えてみたこともないことを先生が言われるので、なるほどと納得していました。学校では異端な教師で、校長や教頭と言い争いをした話や、先生方からの嫌がらせのことまで、たくさん話してもらいました。そんなにまでして学校にいた理由を、「子どもを守るために、私は必死だった」とおっしゃいました。

「あんな重たいランドセルはおかしい。勉強は学校ですればいい。家庭では家庭でのお手伝いや学びがあるもんね。だから、教科書は学校に置いていきましょう、とランドセル廃止を訴えてきた」

「卒業式は、保護者から見える形がいいのではないか、と『対面式』を提案したけれど、みんな反対したから、私一人で講堂の中央に授与する場を設け、周りを取り囲むように保護者の席をメジャーで測りながら作って、卒業式の準備をしたのよ」などと、さまざまなエピソードを熱く語る塚本先生の声は、今でも鮮やかによみがえってきます。

塚本先生は、幼児室で起きたこと、その背景にあると思われる社会の状況、それに対するご自身のお考えなどを毎週の「幼児室だより」として保護者に配っていました。ご自分の思いを他者と共有したい気持ちが強かったのでしょう。「親と向き合って、子どもの教育について話し合いたい」という言葉にそれが端的に表れています。

私は塚本先生から話をお聞きしたり、「幼児室だより」を読んだりすることで、自分の生き方や考え方の軌道修正が、少しずつできていきました。子どものことは一番の関心事でしたが、それは入り口にすぎず、塚本先生の人格と私の人格が出会っていったように思います。

塚本先生を私は姉のように、母のように慕うようになっていきました。でも先生を神のように崇めたり、聖人君子だと思ったりしたことはありません。また、モンテッソーリ教育に心酔したり、信頼を置いていたりしたのとも違いました。

先生には、3人のお子さんがいらっしゃいます。3人の子育てについても三者三様であることを、エピソードを交えながらいろいろ話してくださいました。

完璧どころか人間としては不完全で、「え?」と思うようなところもある先生ですが、その不完全さを私には隠そうとされませんでした。学校の先生は、私生活を誰にも話せないと聞いたことがあります。それなのに、世間的な意味での良い悪いを超えた、ありのままのご自分の話をされる姿に、私はだんだん、自分が塚本先生から信頼されていると感じていきました。「私に心を開いてくださっているから、先生にとって良いことも悪いことも話されるのだ」。人は誰彼構わず本音を話せません。無意識に言う相手を選んでいます。それまでの私は、自分の親子関係や友人関係の中で、信頼されていると感じたことがなかったのだ、と逆に気づくきっかけになりました。

ありのままを語る先生から受け取った信頼という贈り物で、私は良い意味で変わることができ、成長してこられたようです。その経験から、人から信頼されたと感じることが、「人を人として成らしめる」一つの要素なのだという、私の考え方や生き方の基盤ができてきたのでしょう。

水ヶ江の幼児室で先生と話をしていると、先生が「何にもないけど、ご飯食べていく?」と、お豆腐を出してくださったことがありました。

「おっ、黒ゴマと白ゴマ、両方ある。贅沢やねー」とおっしゃって、二人で大笑いしました。塚本先生と私は互いに気取ることなく、冷や奴一つで満足できる関係でした。

第3章 事件の後の変化

1 子どもが持つ、育つ力

事件の後、一時期とはいえ家族と離れて入院生活を送り、再び家族のもとに戻ったことで、これまで家族と一緒に暮らしてきたことが、私を支えていたことに気づきました。そして改めて家族との日々の暮らしが、なんと有難いものであるかを噛みしめました。子どもたちから「お母さん」と呼んでもらえることが当たり前ではなく、幸せなことでした。ありきたりな言い方かもしれませんが、平凡な日常の中にこそ、かけがえのない幸せが存在するのです。子どもたちは、何もできない私なのに、「お母さんがいてくれるだけでいい」と言ってくれます。事件は決していいことではありませんが、事件がなければ、聞けなかった言葉だったでしょう。生きてよかったか、死んでよかったか、当時、私一人についてはどちらがよかったとは言えなかったのですが、家族のためには、生きていてよかったのです。

子どもと自分の変化

長男は新聞奨学生として、福岡で専門学校に通っており、娘も下宿しながら、福岡の定時制高校に通っています。事件が起きると私は広島の病院に入院し、夫もそちらにいましたから、佐賀の家には私の母と次男の二人だけになりました。末っ子の次男は高校に入ったばかりだったので、心細いだろうと心配した夫の弟が、次男を引き受けてくれると言ってくれました。ありがたい申し出でした。その次男は「お母さんがあのとき刺されて死んどったら、俺があいつを刺しに行ったと思う」と言いました。今に至るまで「少年」に対して擁護するような発言を続けている私ですが、被害者遺族の人が加害者を殺したい、殺したいほど憎いという気持ちは、理解できなくありません。

次男が夫の弟の家から学校に通うことになったため、今度は家に私の母が一人残されることを娘が心配し、下宿はそのままにして、佐賀の自宅から電車で高校に通ってくれました。

私も極限状態で過ごしていましたが、家族も人生に起きた想定外の事態で、先の見えない毎日に振り回されていたようです。私も家族もいっぱいいっぱいの中で、一日一日、なんとかやっていました。

長男は、私が退院したと聞いて、家に帰って来ました。かつて私がぐずぐずした子だと心配して塚本先生の「幼児室」に行くことにした、あの長男です。帰って来るなり私が休んでいる枕元に座り、「僕は、自分で選んで専門学校へ行った。でも、もっと別のことを学びたかった。だから大学に行き直したいけど、いいですか？」と。

私は、「いいじゃないの、あなたがそう思ったなら。でも、お金が要ることだから、お父さんに相談しないといけないね。お父さんを説得できたらいいね」と答えました。もし、事件の前だったら、

「なに言っているの。親はお金を出しているんだから、とりあえず資格だけは取りなさい」と言っていたかもしれません。長男が「今は、これが大事なんだ」と言ったときに、「あ、そうね」と、批判せずにそのまま受け止めた自分にハッとして、「私も案外、変わっていけているかなぁ」と気づいた次第です。

長男は父親に相談をし、同意を得て、大学を受験することに決めました。そこで私が、どんなことを学びたいのか、どこの大学にそれを実現できる学部があるのかと言い出すと、長男は私の言葉を遮るように、「家から通える大学を受けるよ」と言います。

「この事件に遭って考えたんだけど……、親子っていつまでも一緒にいられるわけじゃないし、帰って来ようと思って……」

私たちは親として、子どもたちのことを考えてきたつもりですが、子どもがこちらのことを考えているとは思ってもみませんでした。長男はこの事件によって、親のことやいろいろなことをより深く考えるようになっていました。こんな形で子どもから喜びをもらえたことも嬉しいことでした。

長男は、親と住んでもう一度自分にとっての親の存在を確認したら、今度は安心して、もっと自由になって家を出ていけるでしょう。いいチャンスをもらいました。

退院して2、3カ月が経った頃でした。子どもたちが以前より快活になってきたように感じました。

「お母さんが殺されていたら、犯人を刺しに行っていた」と話していた次男も、その激情が鎮まってきている感触がありました。

「母さんが生き死にを境にしたことで、あなたたちもつらかったろうね。そんな精神的な不安から解放されて、元気になってきたねー」と声をかけてみたところ、思いがけない言葉が返ってきました。

「お母さん、違うよ。お母さんが変わったから、そう見えるだけ！」

子どもたちは笑いながら、そう言ったのです。私は子どもたちから「お母さんが変わった」と言われるまで、自分の変化に気づいていませんでした。子どもたちは退院してきた私と暮らしていくうちに、私が変わっている様子を敏感に感じ取っていたようです。

事件前の私なら、子どもが「こんな嫌なことがあった」など愚痴を言ったとしたら、「それぐらい我慢しなさいよ」とか「社会に出たら、それぐらい当たり前よ」と答えていたところです。ですが、この頃には、「それは嫌だったたね」「つらかったね」と、子どもの気持ちを気持ちとして受け入れることが自然にできていました。

「子どもは、大人や親がどういう気持ちで子どもと向き合っているかを鋭く感じながら、大人や親との関係をつくっている」と、感動さえ覚えました。

ある日娘が私に、こんな話をしてくれました。佐賀の家で私の母と二人で暮らし始めた娘に、「両親がいないんだから、あなたが頑張ってね！」と声をかけてくれる方がいらっしゃったそうです。娘は、「今、精一杯頑張っているのに、これ以上どう頑張ればいいの！」と反発を感じた、と言うのです。私も広島の病院で夫に「頑張れ」と言われて、「それは、言わないでほしいな」と思いました。「頑張れ」というのは、あたかもそのとき頑張っていない、と言われたように感じるのです。

「頑張ってるね」なら、その時点で「よくやっている」と肯定されているように受け取れて安心できるのですが、「頑張れ」は、充分つらいときにダメ出しをされたような、酷な言葉になるのだ、と。

それに気づいたことで、さらなる気づきがありました。事件に遭うまでの私は、「頑張っている自分はいいが、頑張らない自分はダメだ」と思って生きていたのだ、と。そして自分だけではなく、頑張っていないような人を見ると、口にこそ出さないまでも、「ダメな人だなぁ」と内心思っていたことを痛感しました。

子どもから「お母さんが変わった」と言われたことで、広島の病院で受け取っていた「言葉以前の心地良さ」に思いをめぐらせました。思いめぐらせながら、自分の存在や人格をただ受け入れられ尊重されることの大切さを、今度は、頭や言葉で理解し始めていました。存在しているだけで大丈夫なことや、生きているだけでいいということを広島で我が身をもって受け取った私は、人間の捉え方が変わっていたのです。

娘のことは、不登校経験を通して「あるがままでいい」と思えるようになっていた一方で、いわゆる「普通に」学校に行っていた長男には、「もっと、頑張れ」と内心、期待していたことにも思い至りました。彼は中高時代、吹奏楽部に所属しており、特に部活動が盛んな学校でしたから、土日もなしで「頑張って」きています。長男に関しては初めての子育てということもあり、私自身に気持ちの余裕もなかったのでしょう。つらつらと振り返ると、親である私の気持ちばかりを優先してきたなぁ、と思い知らされ、母親として悔悟《かいご》の念を抱きました。そこで、長男に心から謝りました。長男は「これまでは、それでよかったと思うよ。今がいいから、それでいいよ。そして僕は、お母さんの失敗作じゃないよ！」と言ってくれました。彼は、自分の力と周りの仲間や大人たちとの関わりの中で、自分で自分を育てていたのです。子どもに失敗作はありません。塚本先生が命を落とすことになった事件を境に、先生のおっしゃっていたことがようやく腑に落ちていったように思います。「幼児といえども自由意志を持った一人の人間であり、自分でその人格を創り上げていく力を備えている……」

そういう意味でも私には、あの事件が必要でした。身体が回復すると、長男と二人で犬を車に乗せて、先生のお宅に近い嘉瀬川の河川敷まで出かけることが増え、犬と私たちは広々とした草はらで、気持ちのよい時間を過ごすのでした。

2　「少年」の両親

私が病院から退院してしばらくした頃、「少年」の両親から謝罪の手紙が届きました。複雑な気持ちで開封したものの、字面だけ見ているようなところがありました。手紙には、「本当に申し訳ありませんでした。もしゆるされるなら、直接お会いして謝りたい」という趣旨のことが書いてありました。私は「少年」への恨みはありませんでしたが、両親には謝ってほしいと願っていました。「人は、環境で育つ」ものです。であれば、子どもにとって一番身近な「環境」である親に責任はあります。そうは言っても、「少年」を事件に追い込んだ「環境」は「両親だけ」と考えているわけではありません。「少年」に関わっていたすべての人、つまり学校の仲間や先生方、彼を診ていた精神科の先生方等々が、彼を事件に追い込んだ理由の一端を担っていると考えています。両親「だけ」が責任を背負うのは少し違うのではないでしょうか。

両親の来訪

事件から2カ月半ほどしたある日、突然、両親が訪ねて来られました。7月の中頃でしょうか。電話での連絡も何もなく本当に突然だったので、びっくりしてしまいました。たまたま夫が休みの日で家にいてくれたのでとても心強かったものの、私は戸惑っていました。それでも、とにかく、家にあがっていただきました。「あ、来てくれたんだ」と心の片隅で肯定的に受け止めた面も確かにありました。

両親は小さくなって頭を下げ、ただただ謝りに謝り続けられます。しかし、私は「あなた方は、どうしていたんですか。これまでたびたびサインはあったはずなのに、どうしてこんなことになるまで見逃されたのですか。親が子どもを助けなくて、どうするんですか」と責めながら涙が溢れてきました。私たち夫婦と同じように、この両親も不登校の子を抱えてつらかったろうと思ったからです。

母親は「今まで、いろんなところに相談に行きました。でも、どうにもできませんでした」とおっしゃいます。それを聞いて私は、言葉を返しました。

「誰も何もしてくれませんよ。親しかいないじゃないですか。うちだって、子どもが不登校だったとき、学校は何もしてくれませんでした。親が子どもを守らないで、どうするんですか」

そして、娘の不登校のことや、「私は、彼の心は普通じゃない、と思って『気』を送っていました。だって、殺人者にしたくなかったから……」と、バスの中で思ったことを話しました。

両親は「私たちの考えられる方法はすべてやりました。いろんなカウンセラーを回りました。学校の先生や精神科医にもお願いしましたが、こんな結果になってしまい申し訳ありません」と、私には自己弁護に聞こえることを重ねておっしゃるばかりです。専門家に頼るばかりで、親として主体的に考えたりの試行錯誤がないように感じられました。

ですが、話をうかがっているうちに、私も塚本先生に出会っていなかったら、子どもの不登校に対して、この両親と同じような向き合い方しかできなかったかもしれないと思えてきて、憎むことができませんでした。

私は「少年」のことが気になって、今の「少年」の状況を知りたいと思い、「よければ、これからも出かけて来て、『少年』の様子を聞かせてください」とお願いしました。

こうして最初の訪問ではそれほど長く話もされず、帰られました。

事件から5カ月近く経った2000年9月29日、佐賀家庭裁判所は、「少年」の医療少年院送致を決定しています。西日本を管轄するのは京都医療少年院です。「少年」は佐賀から離れた京都に行ってしまいました。

家庭裁判所が出した意見書が新聞に載り、それを私も読みました。事件を起こした「少年」の両親の子育てについて、「実態を見据えての子育てというよりは、保護者の願う子ども像や家庭像を優先させたものとなっている。それが少年にとって心理的な負担となった」と書かれていました。かつて私も「保護者が願う子ども像や家庭像を優先させた親」をやっていました。違ったのは、自分の子育てを別の角度から見直すチャンスがあったことだけです。そして、そのチャンスは、私が塚本先生と出会ったように、人との出会いによって得られるものでしょう。

「少年」の両親が2度目に我が家を訪問されたのは、家庭裁判所から「少年」への決定が出た後です。そのとき両親は、我が子に会いに行ったときのことを話されました。

両親は、前回の訪問のときに私が「正常な心に戻りますように、と『気』を送ったり、彼を殺人者にしたくない気持ちでふんばったりした」話を「少年」にしたようでした。

「山口さんがそういう思いだったのは、わかっていた」と「少年」は言ったそうです。それを聞いて不登校になるような子は、鋭敏な感受性があることが腑に落ちると同時に、「ああ、わかってくれていたのか……」と思いが通じていたことに、心の深いところで歓びがありました。

「行きがかり上、山口さんを刺さんば、いかんやった」とも、「少年」は話したとのことです。

父親は、「『お父さんも会社を辞めさせられ、誰からも電話が入らなくなって、お前のつらさや孤独がわかったよ』と話したところ、それまで食事に手を付けていなかったという息子の顔がかすかにゆるんで『お父さん、今日からご飯食べるけん』と言ってくれました」と伝えてくれました。

「子どもは、親が自分の気持ちをわかってくれたと感じたとき、心を開いてくれるのだなぁ」と、父親の話を聞きながら思いました。

3　人前で話す

バスジャック事件が起こった2000年頃、世間では、少年犯罪が増えたような雰囲気がありました。統計を見ると実際には減少しているのですが、事件が少ないために、目立つ事件が起きると大きく続けて報道されるからなのでしょう。メディアは危機感を煽って、厳罰を求める世論が形成されたかのようになっていきました。その結果とばかりは言えませんが、少年法改正の動きが出てきました。そんな時代の空気の中で、少年が起こした事件で被害にあった私も渦中に巻き込まれていきます。事件に遭った年の秋、共同通信の記者の方から電話がありました。事件後、私を取材した方です。「少年法改正反対の院内学習会を日本弁護士連合会(以下、日弁連)が開くので、そこで話してくれませんか」

記者の方には、お断りしたい旨の返事をしました。その頃私は、体力も気力も取り戻せていない状態だったからです。毎日リハビリに通ったりカウンセリングを受けたりで、とてもそんなところに出ていく余裕はないと思いました。

ところが、学習会で私が話をするしないとは別に、あちらも記者として少年法改正に関心がありますし、私も関心があります。その話を聞きながら、私にも少年法改正の内容が少しわかってきました。「このような少年事件が起こるのはわれわれ大人の責任、特に教師である私たちの責任だと思う……」

塚本先生が声を絞り出すようにおっしゃっていた、その言葉が頭の中に響いてきました。先生は常々、「今の学校や子どもたちの状況はひどくなるばかりで、こんな片田舎にいて何をどうしたらいいんだろう」と嘆いていらしたのです。それを思い出すと、遺言というのは大げさかもしれませんが、先生の遺された言葉と記者の方のお話が共鳴しました。すると「この法改正は子どもにだけ、責任をとらせようとしている」、そう思えてきたのです。塚本先生は、そんな子を出さないように大人がどうしたらいいか考えて、大人が変わるべきだとおっしゃっていたのに……。

途端に、私が事件に遭って感じたことや、塚本先生の大人へのメッセージを伝えたい、という気持ちが湧き起こってきました。この事件は、起こるべくして起こったように思えました。

「今の教育の中で育った『少年』が、その教育が間違っていると叫んでいた先生を刺してしまった……命があった私は、先生からの、そのメッセージを伝えなければならない」

学習会の少し後ですが、猪一郎さんが衆議院法務委員会に参考人として呼ばれたときに、「母自身が、この席に立って、自分で言いたかったと思います」と前置きをして、少年法改正の是非には言及せずに、「教育というのは、今変えても10年後にしか結果は出てきません。……親のエゴ、社会のエゴ、そういったものを抜きにして、本当に自分の子どもを自分で育てる、という気持ちを持って子どもに接してもらいたい、そういう社会を作っていただきたいと思います」と発言された記録が残っています。猪一郎さんがおっしゃるとおり、日本の舵を取る国会の場で、先生自身が訴えたかったでしょう。それをわずかでも代弁したい。それが遺された者のなすべきことのように、猪一郎さんと打ち合わせたわけでもないのに、私も期せずして思っていたのです。

ですが、公と言えるような場で一度も話したことのない私は、たくさんの人の前で話すことが不安です。

そんなとき、心理カウンセラーの内田良子さんからも同じ学習会で話をしてほしいと電話がかかってきました。「山口さんの言葉で話してくだされぱいいのよ」と内田先生がおっしゃったことで、「内田先生と対談の形で…」とお願いをして参加することに決めたのです。

2000年10月半ば、日弁連主催の院内学習会の日がやってきました。衆議院第二議員会館で行われた学習会は、私と内田先生との対談で始まりました。たくさんのテレビカメラがあり、写真を撮るフラッシュも焚かれています。緊張している上に、時折ピカッと光るフラッシュも気になり、何を話しているのかよくわからなくなりました。ただ、この事件で亡くなられた塚本達子先生の思いだけは伝えたいという気持ちを握りしめていました。次に寺尾絢彦さん（元家庭裁判所の調査官）や三好洋子さん（自立援助ホーム「憩いの家」の寮母）の講話があり、その方々の話をお聞きしながら子どもを思いやる気持ちが深いなあ、と感じ入りました。ところが、その気持ちは逆に、私を落ち込ませました。「それに引きかえ、私は思うように話せなかった」と思い詰めてしまったのです。私はそれまで自分にあまり自信がなく、半歩下がって生きてきました。ですが、この学習会のときは、突き上げてくる思いだけで行動してしまいました。

内田先生がなさる質問に答える形で、娘の不登校の経験を話しました。

「何かあったときでも周りの大人が、親が、腹をくくってこの子と一緒にやっていこうと本気で向かったら、子どもは立ち直れると思います」

そして、娘の不登校を通して、私の「少年」への思いが形成されていることを話しました。

学習会に参加したことで、子どものことを真剣に考えている弁護士の方々に触発されて、この事件で生き残った者として「自分のやれることは何でもやっていこう」「一歩を踏み出さなくては」と思いを新たにしました。

2000年11月、今度は、少年法の見直しを審議している参議院法務委員会から参考人として出席を求める依頼文が届きました。このときは、すぐお受けしました。しかし時間が経つうちに、「一人でなんか話せないのに、どうして受けてしまったのだろう……」と落ち込んでしまいます。それでも気を取り直して、話す内容を書いて何度も練習をして出かけました。

参議院法務委員会は、国会議事堂の中で行われました。意見を述べる3人の参考人の席の後ろに委員長の席があり、3人の席の前に法務委員の方の席が向かい合う形で場を設けてありました。私たちから見て左側には傍聴席があり、傍聴席にも十数名の方が参加されています。午後1時から始まった会議は、先に別の参考人のグループの意見陳述があり、私たちの会議が始まったのは午後3時前でした。意見陳述の時間は一人15分程度と決められていて、その後質疑となっています。私たちのグループでは初めに「少年犯罪被害当事者の会」代表の武るり子さんが少年法改正「賛成」の立場で意見を述べられました。1996年11月に数人の少年によって我が子を惨殺された武さんは、「少年法で守られていて、我が子がどういう状況でひどい目に遭ったのかも知らされません。そして、加害少年たちは少年院に1年か2年入って出院し、今は普通に元気に過ごしている。しかし、我が子は亡くなったのに少年たちからはもちろん、親からもごめんなさいの一言もない上に、我が子が悪いように言われ、生きているのがつらい。だから、そういう少年たちはちゃんと罰してほしい。そして、被害者にはあるべき権利を与えてほしい」との主旨で、被害者がないがしろにされている現状を話されました。

武さんの意見をお聞きしながら私は、「もし、我が子がそういう殺され方をしたら……」と思い、涙がとめどなく溢れてきました。私は改正「反対」という、「賛成」の武さんと逆の立場で話すよう呼ばれています。その立場で話すことに対して、心が揺れ始めました。

私の番がきたとき、委員席の半数ほどの人が退席されたことに唖然としたり、武さんの存在に逡巡し、心が騒がしく蠢《うごめ》きましたがなんとか気を取り直し、「今の私は、自分が遭遇した事件で感じたことや亡くなられた塚本先生の思いを話すしかない」と腹をくくりました。まず事件の様子を話しました。その後で「厳しく罰せられるから少年犯罪が少なくなるわけではない。犯罪に走らざるを得なかった少年の背景や、その状況に追い込んだ大人社会のあり様を考えてほしい」と意見を述べました。私の発言の次に弁護士の方が「反対」の立場で意見を述べられた後、活発な質疑があり、午後4時45分ぐらいに審議は終了。残られた議員の方々は私のところに来られて、意見を述べたことや事件に遭ったことなどに対して労いの言葉をかけてくださいました。

家に帰ってからも、武さんの話が忘れられません。武さんは息子さんが、どういう状況で殺されたのかも知らされていないとおっしゃっていました。少年審判では、息子さんが加害者であるかのような供述がなされたそうです。「死人に口なし」とはよく言ったもので、息子さんは亡くなっているので、何を言われても反論のしようがありません。少年院を出院した少年やその親たちは謝罪にも来ない、お線香一本上げに来ないということです。それはやはり、つらすぎます。

事件後に支援がなく放置されていれば、武さんのおっしゃる「被害者の権利」を守るために残されている手段は、厳罰を望むこと以外ないと思います。

武さんと参議院で同席したことを奇貨としていろいろ思いを巡らせていくと、被害者や被害者遺族にとって、少年法改正に賛成か反対かは問題の焦点ではない気がしてきました。私の場合、両親からの謝罪と事件から数年経ってからですが少年から直接謝罪を受けたことが、その後心穏やかに生きていく上で大事なことだったからです。ですが、被害者や遺族の中には、加害者の存在を思い出したくもない方もいらっしゃいます。ですから、加害者側からの謝罪はあるほうがいいのか、ないほうがいいのかはわかりません。それぞれが遭遇した事件で、どのように感じ向き合っていこうと思っているのかで、個別に考えていくしか方法はないでしょう。

4 「修復的司法」という言葉は知らずに

「アミティを学ぶ会」

参議院法務委員会の「少年法改正」を審議する場に招致された後、「アミティを学ぶ会」という民間団体から「勉強会に来てほしい」という打診がありました。会についての概要は依頼文に書いてありました。

「アミティ」というのは「友情・友愛」を意味する言葉です。米国・アリゾナ州を拠点とする、犯罪者やあらゆる依存症者の社会復帰を支援する非営利団体です。治療共同体(Therapeutic Community)をベースとした心理療法的なアプローチで、今までの生き方を見直し、新しい価値観を育み、そして人生に向かいあうために、定期的にワークショップを行っています。

2000年当時の私には、何を言っているのか理解ができません。会に行くか迷いながらも、初めて人前で事件について話した日弁連の院内学習会で「自分のやれることは何でもやっていこう」と思った、それだけの理由で、参加させてもらうことに決めます。

国会で証言をした翌月の12月、事件後3度目の東京行きの旅路につきました。

勉強会は、会の代表である山下英三郎さんの司会進行でスタートです。そのときは知りませんでしたが、山下さんは人生経験豊かな方であり、また日本でのスクール・ソーシャルワーカーの草分け的存在として、不登校や非行の子どもたちに関わりを持ってきた方でした。

山下さんは私の紹介を、一風変わった形でなさいました。

「われわれは、どうしても事件に興味を持って、そこに関心が向きがちですが、私個人としては、3面記事的な関心を持っているようでちょっと気が咎めるんです。まず、山口さんのことを少し知りたいと思います。ただ『事件の山口さん』だけではやはり恥ずかしい話なので、どういう方かをまずお聞きしたいと思います。山口さんはご出身はどちらなのでしょうか」と訊かれました。

「佐賀で生まれて、ずっと佐賀に住んでいます。高校を卒業して洋裁学校に行き卒業してから、東京の杉野学園ドレスメーカー学院に一年間通いました。東京で就職しようかと思ったのですが思うようにいかなくて、佐賀の洋裁学校に就職が決まり、一年で佐賀に帰りました。その後ずっと佐賀に住んでいます」

私の答えに山下さんは「洋裁は、ずっとされていたのですか」とさらに問いを重ねます。

「洋裁学校で教えていましたが、教えるだけでは物足りなくなったので、学校を辞めて、婦人服の仕立てをしたり教室を開いて教えたりして、結婚後もずっとその仕事を続けていました。一枚の布が立体になっていくとより素敵に見えてくる、そのことに喜びを感じていました」と事件前のことをありのままお伝えしたところ、「ちなみに、今日着ておられる服はご自分で作られたということですが、ちょっと立って、皆さんに見ていただきたいですね」などとおっしゃるのです。立ち上がり、ファッションショーでやるように、くるりと回ってみせたら参加者の方から笑顔と拍手をいただき、私の気分が少しほぐれました。それから、私は事件のことや少年への気持ちを話しました。

山下英三郎さんは、ご自身と「アミティ」との出会いについて、私に最近話してくれました。映像作家・映画監督の坂上香さんがきっかけだったようです。

これも最近知ったことですが、その坂上香さんこそが、私を「アミティを学ぶ会」に呼ぼうと言い出した張本人だったそうです。

坂上さんは、1996年に放映されたドキュメンタリー番組「閉ざされた魂の叫び――アリス・ミラーが解く子ども時代」(8月、NHK衛星第二)を制作しています。番組制作で取材したアリス・ミラーから紹介された団体の一つが、「アミティ」だったということです。

この番組の後に坂上さんが作ったのは「ジャーニー・オブ・ホープ――死刑囚の家族と被害者遺族の2週間」(11月、NHK衛星第一)で、アメリカを舞台にしたドキュメンタリーです。制作の過程で、被害者遺族でありながら加害者の死刑を望まない人たちに大勢会ったそうです。続いて1998年10月に「隠された過去への叫び――米・犯罪者更生施設からの報告」(NHK衛星第一)、1999年9月に「少年が被害者と向き合うとき――米・更生への新たな取り組み」(NHK衛星第一)を制作します。私が事件に遭う前年に番組は出来上がり、放送されています。

坂上さんはこうした番組制作の中で、海外の事例から、「被害者や遺族の中には、加害者に直接会って質問したいという人が少なからずいる」と知ります。そして日本にもそうした被害者や遺族はいるはずだと考えたそうです。そんなタイミングで私は事件に遭い、坂上さんの前に登場したらしいのです。「日本にも『ジャーニー』で出会ったような人がいた！」「遂に出会いたい人を発見した！」と私の存在を知って思われたようです。私が国会で証言したと耳にして、ぜひ話を聞いてみたいと。

坂上さんは「事件からまだ間もない頃だったので、山口さんに引き受けてもらえるとは思わず、ほぼ当たって砕けろ的にアプローチしたのだと思います。山口さんが来てくださると知ったときには一緒に会をやっている人と『夢みたいだねー』とはしゃいだのを覚えています」と、20年以上経って私に教えてくれました。

当時の私は、そんな熱い思いで呼んでいただいたなどと考えることも、感じることもできませんでした。坂上さんのお名前も知らなければ、番組も観ていません。坂上さんによると、「少年が被害者と向き合うとき」で描いたのは、「修復的司法」という「更生への新たな」手法でした。

このようにして「アミティを学ぶ会」の方々との出会いがあり、その後何度も講演会や勉強会に呼んでいただきました。そのようにして、山下さんご夫妻や坂上香さんたちと関わってきました。そして「アミティ」がどんなところか、少しずつ理解できていったのでした。

両親の手記

私が参議院法務委員会で話した頃、「少年」の両親の手記が雑誌『文藝春秋』に載りました。２０

00年12月号です。それによれば、「少年」は家に引きこもっているとき、「お出かけ」と称して父親とドライブに行くようになります。それがだんだんエスカレートして、遠出になると高速道路を使い、神戸・大阪・京都などまで出かけたそうです。

「少年」は事件を起こす半年前の11月に、自分の小遣いの不足を妹の貯金から出せと無茶を言い出し、「貯金を寄こさないのなら姫路まで『お出かけ』に行くぞ」と言いました。彼には、学校に行っている妹に対する後ろめたさが潜在的にあったようです。この日彼は、両親が妹の試合の観戦に行ったことを勘ぐりイラついていたようです。第三者からは承服しかねる理由でも、無理難題を言うには言う彼の側の理由があったことを感じます。

途中で引き返すと思っていた「少年」でしたが、父親がドンドン先に行くので、姫路西インター辺りで「帰ろう」と言い出し、帰り着いたのは明け方だったそうです。その後、「少年」が穏やかなときに母親が、「このごろ、あなたは遠出のドライブに行かなくなったね」と訊くと、彼は「お父さんが、まさかあそこ(姫路)まで行くとは思わなかった。途中で絶対、音を上げると思っていた。あの人はすごいね。ぼくは負けた」と言った、と書かれていました。彼はその後穏やかになり、やみくもに親に因縁をつけたり、「おでかけ」を要求したりはしなくなったそうです。

バスの中で刺された後の私の記憶はまだらなので、後で聞いた話ですが、「少年」は高速道路の料金領収書を掲げて、「これは、俺の宝物だ」と言っていたそうです。そう言われても、乗っ取られたバスの乗客にとっては意味のない紙切れにすぎません。ですが、彼にとってはそのような、父親との背景を持つ、こだわりのある領収書だったのです。そして、乗客にそれを呈しても意味をなさないにもかかわらず、そうしてしまう「少年」だったのです。

5　塚本先生の本

両親の手記が出た頃、東京の河出書房新社から塚本達子先生のご著書が出版されました。『お母さんわが子の成長が見えますか――私の手づくり幼児教育論』。塚本先生が1984年6月から1988年7月までの4年間、毎週発行してこられた「幼児室だより」をもとに編集された本です。「はじめに」をご長男の猪一郎さんが、「おわりに」をご主人の平さんが書かれています。

「幼児室だより」には、幼児室で起こったことや、塚本先生が日頃、教育で気になることなどを書いておられました。先生の本から「待つことの大切さ」「中学生を取り巻く教育環境」を読み返すと、私が塚本達子先生の教育観のどういうところを愛し、共感し、吸収してきたかを、先生の存在とともに思い起こせるように思います。以下に紹介します。

待つことの大切さ

四・一〇歳になるS君。今日は二回目なのに、ママのそばから離れようとしません。「ぼく何もしない」と言って、頑強にこばみ続けています。

ママのイライラは昂《こう》じてくるし、ますます反抗的になります。でも私が、「したくなったら、いつでもおいでね」と軽く言うと、ちょっとうなずいてくれました。そして、じっと友だちの仕事のようすを見ているのです。

私が時々、彼のほうを見て、ちょっと笑ってやると、彼はひきつった口元で、にこっと笑ってくれます。

彼は今、とても苦しんでいるのです。環境にすぐ適応できない自分自身に……。

こんな時、私たち大人は、彼にどんな手助けをしてやったらよいのでしょうか。

まず、苦しんでいる子供の姿をそのまま受け入れてやりたい。受け入れるということは、認めるということであり、そこからは、手を引っぱることも、うしろから押すことも、叱言、はげますこともできない状態をさすのです。だから、イライラして子供に対してはならないと思います。

そして、じっと待ちましょう。何分でも、何時間でも。子供自身が、自分自身の力で、その苦しみから立ち上がるまで待つことです。やさしく、暖かい心で待ってあげましょう。

途中、同じく年下のNちゃんが、大豆をばらまきました。私が「先生と一緒に入れようね」と言って拾っていたら、彼が飛んできて、最後まで拾ってくれました。環境に適応するため、苦しんでいるS君の姿にふれたように思いました。

子どもの姿をそのまま受け入れられる親は多くはありません。少なくとも私は、受け入れていないことさえ気づかずに、受け入れていませんでした。子どもを「幼児室」に通わせていた頃に「幼児室だより」でこのエピソードを読んだとき、「待つこととは、難しいものなのだなあ」と考えさせられました。日々忙しさの中で子育てをしていた時期、つい「急いでね！」「早く！　早く！」と、親の都合や思い通りに子どもを動かすことしかできていませんでした。

塚本先生は、「受け入れる」とは、「手を引っぱることも、うしろから押すことも、叱言、はげますこともできない状態」と書かれていました。「そして、自分の力で立ち上がるまで、やさしく、暖かい心でじっと待ちましょう」ともおっしゃっています。「待てる」親になるためには、親自身が精進しなければいけない。子どもを変えるのではなく、自分が変わる……。そのことに気づかせてもらったのです。子どものどんな姿も認める……。そのことで、子どもはしっかり自分の心と向き合っていけるようです。簡単なことのようで、非常に深い真理が含まれるエピソードです。

次に紹介するのは、３人の子どもの親の立場としてだけでなく、私が自分の生き方を問われた一文です。「幼児室だより」でこれを読んだことで、私は子どものためでなく、私自身が塚本先生から学びたいと心に灯がともりました。はからずも、教師を死に追いやってしまった中学生への、塚本先生の思いが滲み出ています。私はその頃は、教育の結果の一番極端に悪い例として抽象的に捉えていました。まさか先生自身が「少年」の犠牲になるとは、先生本人も私も思っていません。

中学生を取り巻く教育環境

中学生の暴行によって、教師が死亡するという事件がありました。報道によれば、その中学生は、家庭では父親思いの優しい明るい子だということでした。私は、事件後の、その中学生の心中を察して、胸が痛む思いです。一人の中学生を窮地に追い込んだ教育環境が、残念でなりません。

一年ほど前、私があるお母様方の会合に出席した時、中学の息子さんをお持ちのお母様から、こんな話を聞きました。「子供が学校から一枚の計画表を持ってきました。そして、朝起きてから寝るまでの計画を、母親と一緒に立てて記入し、提出するのだというのです。そして勉強時間として、その中に四時間入れること、というのです」。これは、佐賀市内のある中学の話です。私は本当に驚きました。一週間ならいざ知らず、三年間もこれが続いたら、どんな子供が出来上がるのでしょうか。また、驚くことに、これを実行している子供がいるのです。そして、母親と先生は日夜、その実行に向かって激励し続けているのです。

確かに中学生に、予習、復習、宿題を完全にこなさせようとしたら、これだけの勉強時間は必要でしょう。しかし、一方、子供の生活の実態も考えてみましょう。クラブから帰り、食事をし、入浴をすませた子供が、勉強のできる時間は、いったい毎日どれくらいあるのでしょうか。「子供たちは三年間、まっすぐ前を向いて歩きなさい、周りを見回すのはそれからです」と言わないかぎり、不可能な計画表だと思います。

親や教師たちは、個性を育てたい、趣味を育てたい、豊かな人間性を、と口先では唱《とな》えています。しかし、毎日、家庭生活の中から四〜八時間の受験勉強時間を切り取った残りで、個性が育ち、趣味が育つと考えているのでしょうか。

けっきょく大人たちは「すべてのことに適度に興味を持ち、誰とも適当につき合っていけるようなバランスの取れた人間」を頭に入れているのだと思います。これは、中学生には無理な注文だと思います。一つのことに興味を持ち、熱中してこそ、個性的にも育ち、質的にも大きく育つと思うのです。

この学校の方針についていけない子は自然、はみ出しっ子になり、ついていける子がよい子として、教師からも認められるとすれば、はみ出しっ子の心理状態は、どのようになるでしょうか。どんなに図太く振る舞っていても、不安と、焦《あせ》りと、投げやりが交差した、不安定な状態になることは確実なようです。

しかも、自己を主張したい年齢ですから、なんらかの形で、自己を表現しないと、生きていかれないのです。

まだ中学生にはほど遠い幼児室のお母様方に、こんなことを投げかけて、ちょっととまどうかもしれません。しかし、教育は、○歳から一貫したものを持たねばならないと考えているのです。人格そのものの形成がなされる幼児期を、大切にしましょう。また、子供は母親をその目標として、常に成長しているのだ、ということをもう一度、確認しましょう。

「母親と先生は日夜、その実行に向かって激励し続けている」

この一文が、私の心に刺さりました。私も、学校から渡された計画表を、子どもが嫌がっても「まじめに」子どもと実行しようと頑張ったかもしれない。私は「上に立つ人」の意に沿って、意外と「頑張って」生きてきていました。

塚本先生が書いていらっしゃるように「はみ出しっ子」も問題かもしれませんが、学校や親にとっての「いい子」を続けてきた子は、もっと悲惨かもしれません。なぜなら、本来の自分自身を生きてこられなかったと思うからです。

6 「少年」の両親と3度目に会う

塚本先生の本が出たのと同じ2000年12月、私のカウンセリングが終了しました。そのころ「少年」の両親から、3度目の訪問を受けました。そのときの私の率直な気持ちは、「変わっていないな。大人の論理で話していらして、子どもの立場に立っていない……」というものでした。がっかりしました。

「自分たちの子育てが間違っていたから、この子がこんなことになったのだ」

両親には、そのように謙虚に捉えてほしかったのですが、そうではありませんでした。親の側の「上から」の視点しかなく、子どもの立場や気持ちや考えを理解しようとはされていないと感じました。自分たちのやってきたことは特に悪くなかった、精一杯やった、仕方ない、と思っていらっしゃることが、言葉の端々から透けて見えるようでした。そこで私は、「私のこの傷は、あなたの代わりに刺された傷ですよ」と責めてしまいました。ですが、私も感覚的にその感じは、わかるのです。自分が間違っているとは微塵も考えず、大人のペースで子どもを引っ張ってしまう……。大人のほうがよくわかっていて、正しくて、間違っていない、と大人は思い込んでいます。ですが、子どもも、大人も、それぞれ人格を持った、同じ人間です。同じだと思って生活していくといいのですが、そういうところは、両親からは見出せませんでした。両親には、我が子が起こした事件をきっかけに変わってほしかったのですが、私だって十数年かけて変わったのですから、無理もありませんが……。

「カウンセリングなどは受けていますか」と尋ねてみたら、何も受けていないとのことでした。両親の心のケアは、なされていません。「少年」が医療少年院で立ち直ったとしても、戻ってくるのは親元です。親が前と変わっていなければ、今度は彼が親を刺しかねない、と心配になりました。「少年」が不登校になったときに、「親の会」のようなところに顔を出しておられたらよかったのに、と思いました。両親にも、寄り添って肯定してくれる存在があれば良かったのです。子どもの立場に立つ人も必要ですし、親、大人の立場に立つ人も必要です。

私は大人であり、「親の立場」を生きていますが、こと「少年」と両親との関係の中では、ときに「少年」の側に立ちがちです。チャンスがあるなら、彼に会ってみたいと本当に思っており、そのことをメディアの取材でも正直に話してきました。

7　事件から一年の頃

事件後一年くらいは、自分のこと、塚本先生の死、「少年」のつらさ、その３つしか考えられませんでした。事件から一年経つ頃、節目ということで、いくつかのことがありました。その頃から、徐々に周りが見えてきたように思います。

まず、『エスポワール　塚本達子追悼文集』が編まれました。生前の先生を知る人たちが、先生を偲《しの》ぶ文章を寄せたもので、私も事件に関係なく、教え子の母親の立場で一文を寄せました。表紙や文中には、画家の猪一郎さんの作品がちりばめられていて、素敵な文集に仕上がっていました。

5月3日が近づくにつれて、メディアの取材も多くなりました。NHKと地元のSTS佐賀テレビの2つのテレビ局がそれぞれ番組を制作し放送したのを私も観ました。

NHKスペシャル「〝バスジャック〟遭遇——被害者と家族の365日」は全国放送されていますまた、お一人お一人が事件とどのように向き合っているかを伝えようとしていました。22人の乗客全員のところに取材を申し込み、取材に応じたのは6家庭だけだったといいます。

（2001年5月6日放映）。バスジャック事件の被害者の人たちが現在どのように暮らしているのか、

番組の中では、事件当時のことを思い出すだけで苦しい方、包丁をまだ持てない方、事件は何だったのだろうとまだ受け入れられない方、いろいろな方がいらっしゃいました。取材にさえ応じたくない、そっとしておいてほしい方もいる中で、取材に応じた方に限られているのに、それさえ、お一人お一人、状況が違いました。

番組を観るまで私は、自分の置かれた環境を生きるだけで精一杯でしたので、観てはじめて、被害者の中に、事件から立ち直れていない方が多くいらっしゃることを知って愕然としました。私は事件の年の秋にあった日弁連の学習会を皮切りに、いろいろな講演会で自分の経験を話してきましたが、私が「少年」側に立って発言することは、他の被害者の気持ちを理解していないどころか、つらい思いをさせているのかもしれない、という思いが胸に迫ってきました。考えあぐねた末、メディアの取

材や講演依頼にためらいが生じてしまい、この頃からはお断りするようになっていきます。

それからしばらくして、事件を起こした「少年」について、佐賀市の教育委員会は「中学校で、『少年』に対するいじめは無かった」と公言しました。「少年」が入院していた精神科の病院も「治療は適切に行われた」と。また、先の両親の手記でも、両親はあちこち助けを求めながら、なすすべがなかったことが書かれています。

それらを考え併せていたら、「『少年』だけが悪くて、こんな事件を起こしてしまったのか！ まわりの大人はみんな逃げているのではないか！」と腹立たしくなってきました。直接、間接に入る情報から私なりに、「少年」がなぜ事件を起こすに至ったのか考えてみました。

彼は小学校高学年で学校が面白くなくなり、中学校に入っていじめを受けていたようです。ある講演会でお話したとき、講演が終わった後で「少年」が通った中学の先生だったという方が私のもとに来られました。「(教育委員会は、いじめがなかったと発表しましたが)あのとき学校で彼へのいじめはありました。でも学校でどうすることもできないまま卒業させてしまいました」と目に涙を浮かべて話してくださいました。

「どうして、どうすることもできなかったのですか」と本当は問いたい私がいます。ですが、目の前で泣いているこの先生一人の力で何もできなかったのも現実かな、とも思い、それ以上訊くことができませんでした。

また、ある高校の先生が「『僕、実はあのとき、あの子をいじめました』と言ってきた生徒がいた」という話を知人から聞きました。自分たちがいじめた子が、人を一人死なせているのです。いじめた子たちも苦しんでいるのでしょう。救いだと思うのは、いじめた事実を正直に話せる大人がいたことで、いじめていた子がそれを口に出せたことです。いじめた事実は消せなくても、誰かと共有することで、その子も変わっていける希望があります。

ともかく、「少年」へのいじめは、ありました。

ある日、決定的な「事件」が起きます。彼は音楽室に筆箱を忘れてしまいました。忘れた筆箱を手にした生徒が、「これがほしかったら、ここから跳んでみろ」と「少年」に言います。階段の踊り場から無理やり跳ばされた「少年」は、腰を圧迫骨折してしまいました。新聞報道では、その踊り場からはよく生徒が跳んでいた、とありました。ですが、自分の意志で跳んでいる子は、「自分は跳んでも大丈夫だ」という感覚を持つ子だったのでしょう。「少年」は運動神経があまりよくなく、強要されなければ、自分では跳ばない子だったのではないかと思いました。そのときの圧迫骨折で、彼は入院を余儀なくされます。高校の入学試験は入院先の病院で受けたようです。高校入学後、短い期間で高校に通えなくなり、家にひきこもるようになりました。学校にも通えないみじめな自分はいつ親から見捨てられるだろうかという気持ちで「少年」は生きてきたのではないか、と私は思いました。

「少年」の両親は、彼が学校でいじめられていたことはご存じだったようです。我が子の「心の闇」をなんとかしたいと、さまざまな相談機関を回ったようですが、「少年」本人はそういうところに頑として行くことを拒否したそうです。

彼は、あの中学でいじめさえなければ、との思いから、中学襲撃を計画します。計画は両親の知るところとなり、両親は著名な精神科医の先生に相談しました。その精神科医の方は本人に会いもせず、

「病院に入れろ」とアドバイスしたと聞いています。「少年」は国立肥前療養所に医療保護入院させられました。医療保護入院というのは、本人の同意がなくても家族などの同意で行うものです。基本は、本人の同意を得て行う任意入院です。ですが、自傷他害のおそれがある場合には、行政の命令で強制的に入院させる措置入院というしくみがあるようです。その精神科医の方はよかれと考えたのかもしれませんが、若干脅すようなニュアンスで「何かあったらどうするのですか」と警察や病院に連絡して、警察や病院も動かしたように聞いています。「少年」本人だけではなく病院側としても、入院には非常に抵抗があったそうです。

療養所に着くと診察室に通され、療養所の精神科医は「少年」を同席させたまま両親に質問をされたようです。両親はこっそり息子の部屋を調べ、犯行声明文やナイフなどを発見したことなどを話したそうです。「少年」はそこではじめて、親が勝手に自分の部屋に出入りしていたという事実を知り、精神科医が席を外されたときに、「お前たち、そんなことをしていたのか、覚えていろよ！」と言ったそうです。

「少年」が入院中、両親が病院に面会に行くと、「会いたくない」と非常に暴れたと聞きます。医師は早く退院したいと思っている「少年」に、「面会のときいつまでも暴れていたら、退院できないよ」と指導したそうです。退院できないと聞いた「少年」は、「いい子ちゃん」の仮面を被ることにしたのでしょう。両親が面会に来られたとき普通に接する「少年」の姿を見た医師は、「これなら大丈夫」と判断し、何度か外出の許可が出たようです。その後、一泊の外泊許可を出され、その外泊のときに「少年」は、事件を起こしました。部外者の私が今の時点で評するのは結果論にすぎないのかもしれませんが、これは病院の判断ミスだったのではないでしょうか。

また、精神科で誰か、「少年」のこれまでつらかったことを聴いてくれる人がいたら、事件は起こらなかったかもしれない、とも思いました。入院前にしろ、親でなくても、友達でもいい、先生でもいい、誰かが彼の話を共有していたら、事件は起きなかったのではないか、と私は本気で考えています。

「少年」が事件を起こしたことは、どんな事情や理由があっても悪いことです。この点は曲げられません。ですが私には、彼の存在を否定することができないのです。「罪を憎んで人を憎まず」と言い換えられるかもしれません。

また、彼を取り巻く周囲の人たちも、法的な責任の有無とは別次元で、自己吟味をしてほしいのです。とはいっても、学校の先生方を責め、精神科の病院を責め、両親の子育てを責めようとしているわけではありません。なぜなら、私を含め、誰にでも間違いはあるからです。何が間違っていたのか、どこが悪かったのか、どうすればよかったのかを冷静に見つめて、次に繋げてほしいだけです。

実は私も、事件に遭うまでは、自分がそんな風に考えるとは思ってもいませんでした。自分の考えに気づいていないなどと言うと、何を寝ぼけたことを言っているのかといぶかしく思われそうですが、実際そうなのです。考える機会がなかったとも言えます。犯罪とは無縁に生きているときは、報道でしか知らない事件の加害者たちについて、「悪いことをしたのだから、罰を受けて当然」「人を殺せば死刑になってあたりまえ」程度の気持ちしかありませんでした。真剣に考えたことがないと言いましょうか、表面的にしか見ておらず、本当の意味で無関心でした。「少年」に刃物を向けられるという実体験が身に迫ったとき、私ははじめて罪を犯す人と出会っただけではなく、事件を起こす人の心をその人の立場で感じるという体験をしたのかもしれません。それは自分で望んだことではなく、降って湧いた出来事でしたが、紛れもない自分の心との出会いでした。私は、自分が知らなかった自分や自分の考えに、そのとき出会いました。

そこからさらに、一般的な意味での「犯罪者」ではなく、具体的な「少年」を通して、事件を起こす側の人のことを考えるようになります。いろんな人から心を傷つけられ、やり場のない気持ちを抱え、それを誰にも理解されない……。ぎりぎりのところで自分のプライドを守るために、他人に刃物を向けてしまう人がいる……。

私はもう一度、塚本先生の思いや事件当時私が感じたことを伝えなくてはいけないと考えるようになり、再び、講演に呼ばれれば出かけて行って話すようになりました。

講演を再度お引き受けするようになってからも、私の心は揺れなかったと言ったら嘘になります。

「私は何をしているのだろう？」

「こんな私が講話を続けていいのだろうか？」

不安になることがたびたびありました。そんなとき私を勇気づけてくれたのは、「自分が至らないから、まだ人を救えないとかいう人があるが、至った人など昔から一人もいない。ただ、至らないままに人を導き、教え、救っていると、だんだん至る道に近づいてゆく」（野口晴哉《はるちか》『風声名語』）という言葉でした。私は事件に遭う以前から、野口整体というのを続けているのですが、その野口整体の創始者の言葉です。「少年」に、「正常な心に戻りますように」と祈るように「気」を送ったのも、この野口整体での「愉気《ゆき》」のやり方が念頭にあってのことでした。

私は失敗もし、至らないところだらけです。それでも話をさせていただくことを通して、少しずつ人として至っていけるのでは、と希望が持てるこの言葉に支えられてきた部分が大きいのです。

こうして、いろいろ行ったり来たりの複雑な思いもありながら、多いときは月に6〜7回、PTAの保護者の方や人権同和の集会、不登校の親の会などの講演会に呼ばれて話し続けてきました。

事件前、私は自宅で洋裁教室を開き、婦人服の仕立てもしていました。事件に遭ってからも、続けてよかったのですが、右手に少し、左手にはたくさんの傷があります。生活全般の家事をするにはあまり支障はありませんでしたが、細かい作業の必要な服作りをするのは無理でした。もし洋裁の仕事を続けていたら、思うように動かない手を使うたびに、「事件さえなければ……」と思い続けたかもしれません。きっぱりやめてよかったです。

そのことで思い出すのは、塚本達子先生は、私が洋裁以外のことをするといいのに、と思われていたフシがあったことです。先生ご自身は教員という、男女に賃金の差のない職を得ていました。お子さんたちを留学させたり、希望する勉強や職業のためには援助を惜しまない方でした。それには、自分で稼いでいるという裏付けがある自負や自信がおありでした。私にはその経済力が塚本先生ほどではないことを言いたかったのかもしれませんが、私自身は経済力の有無に関して、先生ほどの思いはありません。

あるいは、教え子たちの将来の姿が見えていた先生には、今の私の姿がなんとなく見えていたのかもしれません。ですが、まさかご自分の命と引き換えに、私が先生の思い描く姿になっていくとまでは思われていなかったでしょう。事件後、気づいたら今の生き様になっていたのです。こうなろうと考えたわけではなく、流れに逆らわなかっただけのことなのです。善し悪しを超えて、そのように生かされている……それだけでした。

II

第4章 関係の波打ち際

1 不登校の子を持つ「親の会」から始まる

事件後、日々さまざまなことがありましたが、私は不登校の子どもの「居場所」を開きたいという思いを抱き続けていました。どんな場所でやるか思い描いていると、まず家賃が要ります。どうしようかな、と思案していたところ、夫が「うちでやったら?」と言ってくれました。

ちょうど長男が家を出て部屋が空いていたタイミングです。私が「居場所」のヴィジョンを抱くきっかけになった精神科医の先生も我が家をご覧になり「ここ、いいかもね」と言ってくださったので、「うちでやろうかな」と考えました。そこで、知り合いのお子さんで不登校だった女の子に声をかけてみました。

「うちで『居場所』をやろうと思うけど、来てみない?」と誘ったところ、「誰か仲間いる?」と訊くので、「いやあ、あなたに初めて声をかけたので、他は誰もいない」と応えたら、「じゃあ、行く意味ない」と言われてしまいました。私自身の経験から、親のあり方次第で、家庭が不登校になった子どもの「居場所」になることもあれば、ならないこともあります。家庭は彼らにとって一番影響を受ける「環境」です。彼女にとっては、家がちゃんと「居場所」の機能を果たしていたのでしょう。彼女に必要なものは、同年代の「仲間」「友達」でした。それがないのですから、わざわざ私のうちを「居場所」にする必要などないのだと納得しました。それで私も「ああ、そうだよね」と返しました。

それからしばらくして、コジマさんという友人から、事件で重傷を負った私へのお見舞いの電話がありました。コジマさんは子どもの幼稚園が一緒で、今で言う「ママ友」です。話の中で、お子さんが不登校であることを話されました。彼女は事件後、テレビや新聞記事を通して、私の娘が不登校だったことを知ったそうです。

その後電話で何度かやりとりしているうちに、「私以外にも悩んでいる人がいるから、集まって話そう」ということになります。私も、我が子の不登校に戸惑っている親が互いのことを語り合う場の必要性を感じていました。そこで、不登校の子を持つ「親の会」が始まりました。コジマさんに引き出してもらった感じです。人前で話すことやメディアの取材を断ったりしていましたが、私が公の場で自分の話をしたことで、この新しい扉が開いたことも確かでした。

こうして月に2回、不登校の子どもを持つ親が数名集まって、おしゃべりをするようになりました。子ども「居場所」をつくる前に、「親の会」が先にできた格好です。2001年7月のことでした。

親の心が安定することで、よその「居場所」に行かなくても、家庭が「居場所」になります。そういう意味で、先に「親の会」ができたこともよかった、と後になって思いました。

そんな頃、「登校拒否を考える全国ネットワーク」（現、NPO法人登校拒否・不登校を考える全国ネットワーク）代表（当時）の奥地圭子さんから連絡がありました。私が、不登校だった「少年」が起こした事件に遭い、娘の不登校も経験していることを報道を通してお知りになったからです。

「自分たちが毎年恒例でやっている夏の全国合宿の分科会で話してもらえないか」というお誘いでした。「ネットワーク」の加盟団体は当時、全国で70以上ありました。そういう「ネットワーク」があることはなんとなく知っていましたし、「しいの木」の「親の会」で力をもらっていました。しかし、一般的な「親の会」というのは「我が子が学校に行かないこと」をただ嘆いて、愚痴を言い合っている集まりのような気がして、顔を出しませんでした。

ですが、事件に遭ったことで、「我が子だけが育ってもしかたがない」という思いが私の中で根を張り始めていました。「少年」にも事件を起こさないように育ってほしかったという思い、と言い換えられるかもしれません。

コジマさんたちと始めたおしゃべりの会で話を聞くにつれ、自分が知っているのは「我が子の不登校」だけだと気づいたのです。私の視野は我が子「だけ」から、もう少し広い社会の子どもたちに行くようになったと思います。それで多様な方との出会いを期待して、参加することにしました。

東京の晴海であった「登校拒否を考える夏の全国合宿'01」には、６８４人が参加し、初参加の私はその中のひとりでした。別の場所で開かれた子ども交流合宿には３５０人の参加だったと聞いています。親たちは講演会や、不登校、ひきこもりなどをテーマにした分科会に参加したり、夜は交流会に参加したりします。

「夏は涼し」という一見奇抜なタイトルのお話をされたのは、精神科医の渡辺位《たかし》先生でした。渡辺先生は、夏は暑いからこそ、すーっと吹く一陣の風から「涼しい」という感覚を知るのだ、というのでした。後に私は、渡辺先生に大きな影響を受けていきました。

先生は「命」ということを考えの根底にお持ちです。

「不登校は、命としての子どもが、この制度や価値観の中で表している自己防衛、危機回避の反応。学校にこだわるのではなく、子どもの心によりそい、命の営みが安心してできることこそ大事」

そんな風なことをおっしゃっていました。渡辺先生がおっしゃる「命」というのは、塚本先生が、「子ども自身」とか「子どもの人格」という言葉で表していることと同じことのように思います。社会でのレッテルやタグや、そんなものを剝がした、その子の存在そのものに目を向けておられると感じました。

翌日午前中には「この人と話そう」というコーナーが設けられており、大学教授、スクールソーシャルワーカー、カウンセラー、弁護士、医師、不登校当事者などと、それぞれの部屋で話す場がありました。午後からは「不登校と医療をどう考えるか」というシンポジウム、その後、不登校に関して父親がどんなことを感じたかを話す「お父さんリレートーク」が開かれて、合宿は終わりました。

不登校に関わるたくさんの親や子どもがいて、そのほとんどの人がとても元気なのが印象的でした。目いっぱいのプログラムの中、少しの疲れとたくさんの方々との出会いがあり、充実した2日間でした。学校に行く行かないを対立軸として見るのではなく、不登校を「一つの生き方」として捉え直すきっかけになりました。不登校を、娘を通してしか見ていなかった私の視野を、期待通り広げてもらいました。

さて、私たちの「親の会」は、コジマさんの知り合いの古民家の食事処で始まりました。ゆったりとした場として、自然発生的なスタートです。はじめのうちは「会」だという認識もなければ、何のルールもありません。その後、親の会の進め方として、「一人一人の語りたいことを語り、他の人はそれを聴く」という方法を取ろうという合意が出来上がっていきました。

集まった7～8人は中学生の子を持つ親で、私は一番下の子どもも高校生でしたから、「先輩ママ」的な立場だったかもしれません。アドバイスをするのではなく、ただ相槌を打ちながら「聴く」ことが、私のしていたことでした。

話している内容は、「不登校になっても、通える高校はあるのだろうか」「担任の先生が不登校の我が子のことに無理解で、親も子も傷ついている」「子どもが昼夜逆転していて困っている」「ゲームばかりやっていることを心配している」といったような話でした。不登校になったことで心配や悩みは尽きないものです。

それぞれが自分の悩みや思いを語っていくことによって、不登校という問題は解決しないものの、みんな、なんとなく元気になって帰っていくことが、そのうちわかってきました。

続けていくうちに、誰かが「この集まりに、名前を付けよう」と言い出しました。いろんな名前が出た中で、「ホットケーキっていいかも！」「庶民的で、誰にでも作れて、誰でも知ってるし……」との発言が続き、親の会の名前はホットケーキに決まっていきました。そのとき誰かが、「ホットケーキのホットは、ほっとするという意味を込めてひらがなにしない？」と言ったことで、親の会の名前は、「ほっとケーキ」に決まりました。このときのメンバーが親の会のスタッフとなりました。

後日談ですが、知り合いの臨床心理士の方が、「親の会の名前は『ほっとケーキ』になったのね。いい名前だねー、今の子育てで大事なことは、親は子どもをもっと『ほっとけー』だよね！」と話されたことで、「ほっとケーキ」の言葉の中に、偶然かもしれませんが、そんな意味が隠れていたことに気づき、嬉しくなりました。回を重ねるごとに「ほっとケーキ」には集まる人も少しずつ増えていき、多いときは10人を超える参加がありました。

2　娘の「居場所」探しの頃

私は月2回参加者の話を聴きながら、自分が娘の不登校で揺れもがいていた日々を振り返っていました。「ほっとケーキ」の存在は、私には、私にとっての意味があったのです。渦中にあるときは見えないですし、何十年も経つと細かいことは忘れていることもあるでしょう。娘の不登校から7、8年が経っていたことも、自分を見つめ直すのにちょうどよい時期だったのです。

娘の不登校

娘は小学校6年生のときと中学時代、2度不登校を経験しました。

娘は不登校になる前に、「学校が面白くない」と言ったことがありました。5年生のときに担任の先生が産休に入られて臨時採用の先生になったのですが、その先生は娘を気にかけてくれたようです。よく放課後に「お手伝いしてほしい」と言われるものですから、娘はクラス中の子どもたちから「ひいきされていて嫌な感じ」に思われていたのでしょう。娘本人も大変困っていて、「手伝ってほしい」と言われるたびに「早く帰りたいのに……」という思いで困惑していました。

娘のことは、鶏が先か卵が先かわかりませんが、どうやら先生とクラスの子たちの関係が悪く、学級崩壊状態になっていることがわかってきました。そこでクラス役員に話して、私も一緒に校長先生にご相談に行きました。

そのためでしょうか、臨時採用の先生は12月までだったので、5年生の1月・2月は、退職されていた穏やかなベテランの先生に代わりました。

クラスが少し落ち着き、3月に産休が明けた担任の先生が戻ってこられたところ、その先生は子どもが大好きな先生で、クラスの顔ぶれは同じなのに子どもたちが生き生きと変わっていき、5年生が終わりました。子どもは先生次第なのだと痛感した出来事でした。6年生も持ち上がる予定だったので「よかったね」と話していたのです。

ところが始業式の日、娘が「先生の替わっとんさった」と言って、しょんぼりして帰ってきます。私が慌てて先生に電話をすると、「実はまた妊娠したので、6年生の担任は降ろされました」とのこと。「おめでとうございます」としか言いようがありません。それで新しい担任の先生を迎えたのですが、じきに「授業がいっちょん面白うなか(いっこうに面白くない)」と子どもたちが言い始め、クラスがまた荒れ出したのです。

5年生で不登校になりそうになったとき、クラスの役員の方に相談していたので、「6年生は私が役員をやります」と言って引き受けました。そこでクラスの他の保護者の方に教室の様子をお聞きしたら、「うちの子もそう言っているわ」と娘から聞いたのと同様の返事です。子どものことを大事に考える保護者が多くいるクラスだったこともあり、ある保護者のお宅で新しい担任の先生も交えて保護者会を開きました。それぞれの保護者からいろいろな話が出てきた中、私は担任の先生にお願いをしました。「子どもは一人一人違う存在です。その違いを認めながら、学級運営をしていただきたいのです」

この考え方は、長年にわたり塚本先生から教えていただいていたことがもとになっています。さらに、「6年生にはなっていますが、まだまだ幼いところを持っている我々の子どもです。30人以上の児童の学級運営は大変でしょう。私たち保護者にお手伝いできることがあれば、何でもおっしゃってください」と伝えました。この会は持ち寄りの食べ物もあり、学級でのことだけでなく、持ち寄った食べ物の作り方を教えあうといった話題もあり、和気藹々《わきあいあい》とした形でお開きとなりました。

ところが保護者会からしばらく経った頃、娘は学校に行かなくなりました。そのときは、担任の先生や保護者の方々との関係もできていたので、「行きたくないなら行かなくていいよ」と娘の気持ちを受け止めることができました。そこで娘が「海へ行きたい」と言えば一緒に海へ出かけ、浜辺で貝を拾ったり、二人で並んで海を眺めて過ごした日や、絵を描くのが好きな子だったので、一日中絵を描いている日もありました。昼夜逆転で一日中ゲームをしていることもありましたが、「ありのままを認めて」過ごしました。

娘が休んでいることで、担任の先生はときどき家庭訪問してくださいます。先生には、思っている気持ちを正直に話すことができました。保護者会で心を開いて話し合ったことで信頼関係が築けていたからです。家庭訪問のときにはまず娘に聞き、「先生に会いたくない」と言えば私が先生と話をするか、そのまま帰っていただく日もありました。そのように娘の気持ちを大事に一カ月くらい過ごしたら、「私の心はいじめに遭って針みたいに細くなっていた。だけど、もう太ったから大丈夫」と言って、また登校し始めました。

娘が学校に行かなくなったのは、いじめられていたからです。いじめられている子が問題なのではなく、いじめている子が問題だと私は考えています。いじめが始まるのは、学級の中に余裕がないからではないか、我が子とその周囲の問題だけでなく、学校そのものが窮屈になっているのではないかと考えました。そのようなことを他のお母さんたちと話すうちに、「読み聞かせ」がいいんじゃないの、という話になりました。

そこでお母さんたちと一緒に、校長先生に、私たちが学校の中で読み聞かせをしていいのか相談に行き、その後、ＰＴＡから正式に承認の文書が出て、始めることができました。

隔週の昼休みに、「今日は、お話会があります」と放送してもらったら、空き教室に学年を問わない子どもたちが集まるようになりました。人数は多い日もあれば少ない日もあります。名前は「ゴジラの会」に決まりました。地図で見ると、佐賀県の形がゴジラに似ているからです。そうやって始まったゴジラの会は保護者が始めた会でしたが、「この本読んで」とか「私に読ませて」とか子どもたちからも声があがり、楽しいお話会になっていきました。「この本読んで」と言われた本の中には、とても慕われている年長の友達の死と、それを乗り越えていく遺された者たちを描いた『わすれられないおくりもの』といった印象に残る絵本もあり、子どもたちから豊かな時間と知らなかった本の扉を開いてもらいました。私は現在は参加していませんが、違った形ではあるようですが、今でもゴジラの会は続いています。

２度目の不登校と自分の葛藤

娘が再登校し始めてみるとクラスの様子も変わっていたようで、「学校って楽しいところだったんだね」と言いながら、残り半年ほどの小学校生活を快適に過ごして、卒業しました。

小学校を終えたものの、娘には、中学校に行くのに夢がありません。「規則ばっかりみたい」「制服も嫌だな」と言いながらの入学でした。近隣の２つの小学校の学区から通う公立の中学です。長男も通っていました。

入学式の日に委員を決めるのですが、娘は学級委員になって帰ってきたのです。生徒がみんな黙っているので、娘は「早く帰りたいから、決めてきたよ」と。ところが、委員になったのが原因かどうかはわかりませんが、娘へのいじめが始まりました。教室の中を歩いていたら、机の間から足を出してひっかけられたり、消しゴムが飛んできたり、他にもいろいろあったでしょう。

しばらくして娘は学校に行けなくなり、さらに娘がいじめられている様子を見た男子生徒が二人、学校に来れなくなったと聞きました。それぐらい大変だったというのは、後で知ったことです。

小学校時代に娘が学校に行けなかったときは、保護者同士の繋がりもあり、比較的ゆっくり構えていました。ところがこのときは、焦りました。

いじめの実態を知らなかった私は「自分の子育ての間違いで、このようなわがままな子に育ててしまったのではないか」、そう考えたこともあり、落ち込んでいきました。

高校受験も気になる材料でした。学校に行かない娘をそのままにはしていましたが、心の奥では、「いつになったら、ちゃんと行くの」と思っていたので、「中学生になっても、まだ甘えるの」という気持ちが、放っておけば自然に湧いてきます。

娘は家で暗い表情でつらそうに過ごしていました。小学校のときの娘は、家を「居場所」にできたのでゆっくり休めたのですが、母親の私が「学校に行ってほしい」と思っていたので、家は娘の「居場所」ではなかったのです。

塚本先生にも相談したところ、「担任の先生と話し合いなさいよ。きっと理解してもらえるから」とおっしゃいます。

塚本先生の助言に従い、娘が中学2年生のとき、担任の先生に時間を取ってもらい、話すことにしました。そのとき担任の先生から、「あなたの子育てが間違っていたんじゃないですか」と直撃されました。私自身が自分の子育てに対して同じ疑問を抱いていただけに、もろに受け止めて、ダメージを受けてしまいました。

結果的に、「担任の先生に相談する」という塚本先生からのアドバイスは功を奏しませんでした。塚本先生は生徒一人一人のことを我が子のように大切に考える先生でしたから、担任というのは皆そのような姿勢だと思っていらっしゃったのかもしれません。そこは、学校の先生であった塚本先生の思い込みによる見立て違いがありました。現実はそうではなかったのです。

後日談になりますが、事件後にカウンセリングを受けながら、ふっとそのときのことを思い出しました。「あなたの子育てが間違っていたんじゃないですか」と言われたことのほうが、事件に遭ったつらさよりつらかったなあと、密かに思ったことを覚えています。事件は、相手が「少年」です。「少年」は世間の皆が悪いと思うことをしたわけですし、年齢も子どもです。「少年」は私より弱い立場だと言えるでしょう。一方、担任の先生は、私より強い立場だと私は捉えています。同じ立場と考えていればよかったのでしょうが、不登校の子を持つ親は、自分でも自分を責めているところもあり、本当に弱く、その弱い立場に甘んじているものです。自分自身が「間違っているのではないか」と思っていることを自分より強い立場だと思い込んでいる人にズバリと言われたときの打ちのめされ方の大きさというのは、計り知れないものだったのです。

担任の先生と話した後、家で考えたのは、「学校はもういい、この子に学校は必要ない！」ということでした。娘が「お母さん、体育館の裏って静かでいいんだよ」と言ったことが思い出されました。それを聞いたときの胸が締め付けられる思いがおわかりいただけるでしょうか。そんなところにポツンと一人でいる娘を思うと、「学校なんか行かなくていい！」と叫びたさでいっぱいでした。でも私は、「そう、よかったね！　そんな場所を見つけられて」と応えることしかできませんでした。

「学校はもういい、この子に学校は必要ない」

そう思っているつもりでしたが、振り返ると私は、心の深いところでは学校をあきらめきれてはいなかったようです。塚本先生に不登校については相談しなくなりましたが、それでも私には、塚本先生が「幼児室」で「子どもの自由意志の尊重」と「親、まわりの大人は、それを助けるだけ」とおっしゃってきたことが頭にありました。塚本先生は繰り返し繰り返し、根気よく、私におっしゃいました。それがあったので、「でも、あなたは行きたくないんだね」と娘に共感する思いがあったことも事実です。

それで最初は、娘の話を黙って聴くのです。ところがいろいろ聞くうちに、ついつい私は「ああしたら」「こうしたら」と娘に助言してしまいます。こちらは無意識に口から出るのですが、娘から何度も、「上から目線で言う!」と抗議され、そのたびにたじろぎ、困惑しました。ただ聴くことが大切で、答えは本人が持っているということが、私の実感になりません。信頼関係を我が子と築くのに、かなりの時間を要しました。娘のことを、わかるけどわかりたくない……、当時私の中では、葛藤が渦を巻いていました。

「自由の森学園」の公開授業へ

娘が不登校になったので、学校からスクールカウンセラーの紹介がありましたが、私は出かけませんでした。今でこそスクールカウンセラーの存在は誰もが知っていますが、当時は文部省(現、文部科学省)が「スクールカウンセラー活用調査研究委託事業」をスタートさせて間もない頃でした。カウンセラーです、プロです、と言われても、誰彼構わず人は心を開いて話せるものでしょうか。私はどんな方かわからない人に心を開きたくないと思いました。心を開く相手、開かない相手は、カウンセリングを受ける側も自然に選んでいるでしょう。

しばらくして、カウンセラーが別の方に変わられたと学校から連絡が入りました。新しい方のお名前を見たら知っていた方なので、私はカウンセリングの日に出かけました。そのカウンセラーは、

「学校はここだけじゃないですよ」とおっしゃいます。私にはホッとする言葉で、心がやわらいだからでしょうか、忘れていたパンフレットのことを思い出しました。娘が小学校で不登校だったとき、埼玉県飯能市にある自由の森学園のパンフレットを取り寄せていたのです。

パンフレットを開いてみたら、公開授業があると書いてあります。「埼玉の自由の森学園に見学に行ってみようか？」そう娘を誘ってみました。そして、娘と話し合いながら計画を立て始めました。娘は「学校に行ってないと、いつでも旅行に行けていいね」と嬉しそうです。

飯能駅近くのホテルに一泊して、朝9時頃学園に向かいました。学園ではまず授業参観が予定されていて、中学1年生の教室に入りました。自分の好きなところに座って授業を受けていいようで、先生のすぐ横に机といすを持って来て座っている生徒もいました。普通、学校では先生が席順を決めているのに、「ここは自由に座っていいんだなあ」と驚きです。どんな授業をされるのか興味を持って聞いていると、生徒の一人が急に立ち上がり、さっさと後ろのドアからベランダ側に出て、ボール遊びをし出し、あっけにとられて見ていたら、先生は平然と授業を続けられます。授業が終わり、先生の授業方針などを述べられた後で、「先ほど生徒が教室から出て行きましたが、途中で授業が面白くないと感じたのでしょう。私が授業を工夫すればいいのです」とおっしゃいます。そこまで生徒を信じて関係を築いている学校があることに感動を覚えました。公開授業が終わり体育館に移動して、副園長先生の話をお聞きした後、生徒たちの日頃の活動の紹介がありました。どれも心に響くものでしたが、その中で特に感動したのは、学園全員のコーラスと和太鼓の演奏でした。そして副園長先生の話にも感銘を受けました。

「今、この子たちに必要なのは」と前置きして、以下のことを強調されました。

「これから生きていく力や創造性を育てる教育」

「よりやわらかい頭を持ったすてきな大人（教師）との出会い」

「自分の意思を自由に言える場」

「子どもをそのまま受け入れる大人」

「私たちと同じ時代を生きていくわけじゃない」

それらの一つ一つに、塚本先生から教わったことと似たものを感じながら聴いていました。特に、「私たちの生きてきた時代と違う時代を子どもたちは生きていく」とおっしゃったことが非常に心に残りました。帰りの電車の中で「どうだった？ 興味を引かれる学校だったね」と訊いたところ、娘は「私はまだ家族と一緒にいるほうを選びたい」と意思表示をしました。それで、素敵な理念を持った学園だったのですが、元の中学校に留まることに決めました。

県の適応指導教室「しいの木」

自由の森学園から帰って来た娘はスクールカウンセラーの紹介で、県の適応指導教室「しいの木」に通うようにしました。「しいの木」は設置の趣旨の上では「居場所」とは少し違います。正式名称が「適応指導教室」である通り、学校に通えない生徒を「よくない状態」と見なし、学校に「適応」する「よい状態」に変えていくことを目的として設置されていたからです。現在は「適応指導教室」ではなく「教育支援センター」と名称を変えているところが多いのは、時代に合わせた設置趣旨を考慮しているのでしょう。

適応指導教室が良いとか悪いとかは言えませんが、その当時の「しいの木」には子どもたちが来ることを心から喜んでくださる先生が、たくさんいらっしゃいました。そんな「しいの木」へ、娘は仲間や先生方に喜んで会いに出かけるようになりました。おかげで友だちも何人かそこでできました。

ところが適応指導教室ではその名の通り、「学校にも行こうね」と言われます。仕方なく嫌な中学校にもときどき行きました。クラスの生徒はたまに来る娘に対して「何しに来た！」「お前なんか死ね！」という言葉を浴びせたようです。その頃、学校の中にも空き教室が不登校の生徒のための居場所として設けてあり、そこに安心して居られたらよかったのですが、学校に通っている生徒の中には、仕方なく通っている生徒もいるのでしょう。そんな生徒は、窓ガラスをドンドンと叩いたり、「お前らそこで何してる！」と声を張り上げたりしてちょっかいを出します。さらに担任の先生もときどき来られて、「よく来たね！　ここまで来たなら、教室まで行こうよ」と誘われたことも。娘は、それが先生の善意から出た言葉だとわかるので断れなくて教室に入り、次の日はクタクタで外にも出られない状態になっていました。

「しいの木」の仲間が好きで、そこに通っている娘の気持ちを思うと、そこには行かせたい。でも「しいの木」に行くと、「学校にも行こうね」と行かされる、というジレンマを抱えることになりましたが、私はその葛藤を心に抱きながら、学校に行く行かないは娘の判断に任せることにしました。

それでも、「しいの木」に通うことで、娘は人との信頼関係を少しずつ取り戻していったようです。元気になっていく娘を見ながら、私の中に、高校へ行ってほしいという気持ちが湧き起こってきました。ですが当の本人は、中学校での勉強や仲間に失望しており、「中学を卒業したら、就職する」と言います。見かねた夫がいくつかの高校の見学に娘を連れて行ってくれました。

その中に福岡で、定時制と通信制をひとまとめにした公立の高校がありました。見学に行くと、茶髪の子はいるし制服はないし、図書館は充実しているというので、娘は「ここだったら行けるかもしれない」と言って、そこからやっと受験勉強を始めました。

残念ながら、その高校は不合格でした。娘は高校受験に臨んだことで、高校へ行きたいという思いが膨らんだようで、「佐賀の定時制でもいいから受ける」と言い出したのです。佐賀市内の高校には行きたくなかったようで、鳥栖《とす》市の高校を受けようとしました。けれども県立高校の一次試験を受けていない子は二次試験を受けられないことがわかり、断念。県の教育委員会まで行って事情を説明してもダメだったのですが次の年からはＯＫになったようで、他の不登校の生徒のためには行った意味はあったのです。そこで福岡で働いている夫のもとに娘が一緒に住むことにして、住所を移しもう一度、福岡の別の定時制高校にチャレンジしました。

合格発表の日、夫が娘と一緒に発表を見に行きました。掲示板に自分の番号を見つけた娘は夫のほうを振り向き、満面の笑顔を浮かべながら、「お父さん、あったよう―！」と叫んだそうです。

私たち夫婦は全日制の高校を卒業していたので、定時制ということに親として少し抵抗がありました。「定時制ねえ」という気持ちですが、失礼な話です。私には家庭の事情で定時制高校へ行った従兄弟がおり、県の上級職にまでなっていて「すごいな」と感心してもいました。でも、自分の子どものこととなると違っていました。人間って怖いなと思います。娘がそうやって手放しで喜んでいる姿に接して、学ぶ気持ちと学ぶ場さえあればいいんだ、と思いを改めることができました。

定時制高校の生徒の中には、昼間は働きながら学びに来ている子や不登校の子、そして大人の方も交じっています。「中卒で仕事をしていたけど資格を取りたいため、高校卒業資格が必要になったから」とか、「娘が短大生になったから私も学び直そうと思って」とか、向学心のある大人の方です。先生方はそんな生徒一人一人を人として尊重してくださったようです。そのことが嬉しくて、娘は楽しく学べたと話してくれました。娘の不登校からこちらが学ぶことが、本当にたくさんありました。

このように、不登校の我が子と暮らすことで、私の感情は、人との関わりの中で、大きく波打ったり、静かな波になったり、まるで波打ち際にいるようでした。ですが、この大波に打たれるような時期は、私の子育てに大切な時間でした。

私は子育ての「正しい答え」を探していました。そんなものはないのに、です。子ども本人に任せて生きていけばいいのです。

「聴いてもらうだけでいい」と言った娘の言葉が思い出されます。聴くことの中に、人の心を開く何かがあることを、親の会や「居場所」を続けながら、さらに深く学んでいくことになります。

第5章 子どもたちの「居場所」ができていく

1 「親の会」からの提案

「不登校の子どもたちが集まる場所を創ろう」

古民家でお昼を食べながらの「親の会」が始まって半年ほど経った2002年2月頃から、「親の会」の参加者が動き始めました。私が言い出したわけではありません。ですが、その動きを積極的な気持ちで受け入れていました。事件後、「元気になったら、『居場所』を創りたい」と心で温めてきたことが、こんな風に実現していくのかと、心密かに楽しんでなりゆきを見守る私がいました。家賃の心配をして自宅でやることを考えたり、不登校の子を誘ったけれど仲間がいないと断られたりしたことが、おかしく思えるほどでした。

「居場所」がスタート

きっかけは、14歳のトオルくんでした。

親の会のメンバーが少しずつ増えていった時期に参加されたトオルくんのお母さんは自分の意見をはっきりおっしゃる方で、それまで私の周りにいた人とは随分違っている印象でした。他の人とは一味違うその人の存在こそが、「居場所を創る」という私の思いを孵化させたのです。

彼女は息子のトオルくんが「学校に行きたくない」と言い出したとき、「行きたくないなら行かなくていいよ」と言ったそうです。娘が中学で不登校になったとき、葛藤と逡巡があった私と違い、すんなりと受け入れているようなお母さんでした。彼女は生協の理事をしており、トオルくんは学校に行かなくなってから、彼女の職場について行っていました。トオルくんはそこで、他の役員が連れてくる子どもの面倒を見ていたそうです。そのことは嫌いではなかったと言うのですが、トオルくんが嫌になってきたのはお母さんに連れ回されることでした。そこで、家にいることが多くなっていきます。

ある日同居しているおばあちゃんから、「学校はどうしたの？　早く学校に行かんね！」と言われ、その一言でトオルくんは、家に居場所を失ったように感じます。彼は人が好きで、学校には行きたくないけれど、一人でいるより誰かといたい子です。そんな彼は、友達といられる自分の居場所を求めているようでした。

こうした一連の経過を、トオルくんのお母さんが「親の会」で話されたのです。

「学校には行きたくない。しかし、安心して居られる場と仲間がほしい」

トオルくんの求めているものが何かを、「親の会」のメンバーはちゃんと感知していました。

「だったら、自分たちで創ろう」

素晴らしかったのは感知しただけでなく、行動になっていったことでした。手前味噌ながら、志とやる気は高かったのです。後は、お金でした。

するとある日、参加者の一人から「不登校の子どもが集まる場所に使っていいという家が見つかったよ」と知らせがありました。佐賀市中央本町。佐賀市の中心街です。そこにある家を無償で貸してくださるというのです。取るものもとりあえず見に行きました。古い家でしたが、外壁に蔦がからまっていて独特のよい雰囲気を醸し出しています。中に入ると埃や蜘蛛の巣があり雑然としており、何年も使われていなかったことは一目瞭然ですが、集まりやすい立地条件を考えれば、覚悟して掃除すればいいだけだ、と思い直しました。こうして、見に行った仲間と相談して、その家を不登校の子どもが集まる場所として使わせてもらうことに決めたのです。

「自分たちの集まる場所ができるなら手伝う」

トオルくんが、同じ14歳のタイチくんを連れてきました。トオルくんとタイチくんの二人は、一番はじめの「居場所」のメンバーです。

そうこうするうちに、私が不登校の子どもたちの居場所を創る話は、メディアの記者たちの間に広がり、引っ越しの日がいつかも彼らの知るところとなりました。

「取材に来るのは構わないけれど、カメラはやめてね」

子どもたちが被写体として公に勝手にさらされることを、私は避けたかったのです。今に至るまで基本的に、メディアの人たちが子どもたちにカメラを向けたり撮影したりすることは断っています。「居場所」に関しては、比較的あるがままで制約を加えないでいる私ですが、メディアとの関係は

「居場所の環境」として配慮していたことの一つです。

掃除をする日、撮影はダメだと聞いたからか、ほとんどのメディアの人は取材に来ませんでしたが、取材というより手伝いに、若い二人の記者が来てくれました。東京に本社のある全国紙の記者です。

一人は新聞社に入って最初の赴任地が佐賀でした。新米の新聞記者は、警察署を回ったりして事件を拾って記事にすることが仕事です。バスジャック事件の2年後に佐賀に異動して来、私のところにも取材に来ていたのですが、なんと、その記者も不登校経験者でした。小学校6年生の4月に転校した学校になじめず、不登校になっていった経験があったのです。彼は中学校の3年間、不登校の子どもの「居場所」に通っていたので、親しい気持ちで見てくれていたのかもしれません。10代後半にはアルバイトをしてお金を貯め、メキシコをはじめ中南米各国に滞在して所得格差と貧富の存在に気づき、その問題をどのように考えたらいいのかを研究するために日本に帰国、高校卒業認定にあたる大学入学資格検定を受けて大学に進学し、ラテンアメリカ地域研究をして卒業。在学中にＮＨＫの報道関係の部署でアルバイトをしていたそうです。バスジャック事件当日は大型連休中で、多くの職員は休みをとっていたようで、学生で時間に余裕のあるアルバイトだということで、休日の留守番のような形で出勤していたのでしょう。彼は私が乗っていたバスを、東京のＮＨＫで放送を出す現場から延々とただ流している映像を、仕事として見ていたと語ってくれたことがあります。何もなすすべがなく、ただ外からバスを映して全国に流す……。彼はそのときの経験が強烈で、同じ報道関係の仕事でもテレビ局ではなく、映像がなくても文章で伝えられる新聞記者の仕事を選んだそうです。そんな彼は引っ越しの後もときどき「居場所」に顔を出してくれました。

トオルくん、タイチくんの2人、「親の会」の大人5〜6人、新聞記者2人が集まり、掃除が始まりました。わいわいと楽しく賑やかに、家がきれいになっていきました。たいして広くない部屋は2時間もすれば、なんとか過ごせる空間になるものです。

掃除の後、お茶を飲みながら、改めて部屋を見回しました。

「ここで新たに子どもの集まる場が始まる」。その思いで見ると、なかなかいい空間です。

北向きの小さな台所と、そのすぐ南側に茶の間があります。茶の間の東側からはガラス戸越しに朝日が入ってきそうです。茶の間の南が玄関で、玄関の奥にお手洗いと風呂場がありました。茶の間の西側に部屋が2つ並んでいます。奥の部屋に行くには、手前の部屋を通らなければいけないのは、かつて日本の多くの家で見られた構造です。どんな風に使えるのか考えていたらトオルくんが、「ここにテレビを置こう」と、茶の間の横の真ん中の部屋を指さしました。私は「居場所」の青写真を描く想像の世界から、ハタと我に返りました。

「テレビは本当に必要なのか」と思いながら、「家の中に何を揃えたらいいやろね」と、その場にいるメンバーに問いかけ、そこから皆で意見を出し合いました。その後「居場所」を移転させるたびにどこにテレビを置くかが大問題になるのですが、これがその最初になりました。ゲームをするために、彼らには家のどこにテレビを置くかが重要なのです。

2 「なんもしてもらわんでよか」

「居場所」を始めたばかりの頃には、「どうにかしてあげなくては」と思う私がいたのです。わざわざ来てくれている人に、何か「おもてなし」や「サービス」をしなければならない、というのが習い性になっているのでしょうか。

一方、私の思いやふるまいとは別に、来ている子どもたちには、子どもたちの感じ方があります。不登校の子どもは、大人がどのような気持ちで自分たちに向き合っているのかを敏感に感じとる子が多いようです。「何かしなければ」と思っている私は見透かされ、「俺たちは、なんもしてもらわんでよか！」とズバリ言われました。言われた瞬間私は、少しムッとしました。

しかし、落ち着いてよく考えてみると、子どもたちを「ありのまま受け入れよう」としているくせに、「『どうにかしてあげよう』と考えるのはおかしい！」ということに気づいたのです。今なら、「『なんとかしよう』なんて、『支援臭』プンプンやね」と自分に突っ込みを入れられますが、このときは目から鱗でした。さらに、「私たちスタッフも居たいように居ていいんだ」ということに気づきました。「支援する人らしさ」や「頑張って不登校の子どものために働くスタッフ」を演じなくてもよいのです。私たちスタッフ自身が「ありのまま」でいたほうが、居る子どもたちも、「ありのまま」で居やすいでしょう。口で言うのは易しいのですが、私にとっては意外に難しいことだと気づくのに時間はかかりませんでした。娘の不登校を通して「子どものことは、子どもに任せればいい」と学習したはずの私ですが、よそのお子さんを前にすると、できない私がいました。大人としてスタッフとして、目の前に居る子を「どうにかしてあげなくてはいけない」と思ってしまっていたのです。これはとりもなおさず、目の前に居る子どもの立場に立つことなく、自分の思いを優先させていた証拠でしょう。

そんな私でしたが、子どもたちと2年、3年と一緒に過ごすうちに、ここはみんなの居場所であること、誰かが何かをしてあげる場ではないこと、子どもたちがそれぞれ自分らしく居られるのと同じように、私たちスタッフもその人らしく居ていいこと等を感じられるようになっていきます。それは、子どもたちとの具体的な関係の中で育まれていったことです。

これには思わぬ副産物がありました。私が「どうにかしてあげなくてはいけない」という「とらわれ」から徐々にではあっても解放されていったことで、来ている子どもたちのことを、「とてもかわいい」と思えるようになったのです。そうなると、私の子どもたちとの関わり方がさらに少しずつ変わっていきました。そして、子どもたちのことを、根拠はないのに「信じていい」と思えるようになっていったのです。ですが、このときはまだまだで、それらのことは数人の子どもたちとの出会いの後でしか、本当にはわかっていなかったと思います。

3　子どもが観察する側にも

「居場所」の第三の男になったのは、ヨシオくんでした。最初の14歳の二人よりずいぶん年長で、20歳でした。

当初、私も含めてスタッフにはためらいがありました。いろんな意味でヨシオくんが「居場所」で受け入れる子どものイメージから外れているという戸惑いでした。20歳ですからもう大人です。行くべき学校もないので不登校でもありません。免許が取れる年齢のヨシオくんは、「居場所」に原付バイクで出かけてきます。そこで例によって、スタッフによる話し合いが持たれました。話し合った結果、集まっている子どもが少ないこともあり、しばらく来てもらいながら様子を見ることになりました。

その少し前、私は、「母と女性教職員の会」の不登校分科会で話をする機会がありました。「母と女性教職員の会」というのは1954年、教え子を戦場に送った痛恨の思いと平和への決意を込めて日本教職員組合(日教組)婦人部(現、女性部)が「お母さん、日本の子どもを守りましょう」「憲法を変えないようにしましょう」と全国のお母さんに呼びかけたことから始まった会です。日教組に対してはさまざまな意見があるでしょうが私自身は何かの思想に傾倒しているということはなく、逆に、何かを偏見をもって排除することもない立場です。お話をする機会をいただいたので、出かけていきました。

そこで出会ったのがヨシオくんです。お母さんと一緒に分科会に参加しており、ヨシオくん親子は「不登校分科会」の発表者、私も発表者でした。ヨシオくん親子の発表では、主にお母さんがヨシオくんの不登校のときの様子や親の気持ちなどを話されました。その後少しだけヨシオくんが話しましたが声は小さく、私にはよく聞き取れないほどでした。それでも、彼が必死の思いで話したことが私の心に刻まれています。分科会が終わると私はヨシオくんに、「不登校の子どもが集まる場所創りを計画しているの。気持ちが向いたら、ヨシオくんも出かけてね」と伝えました。

出会ったときには、先の会でのお母さんサイドからのお話しか知りませんでしたが、親しく話すようになってから本人から直接、当事者である彼の不登校体験を聞く機会がありました。それによると、ヨシオくんが学校に行かなくなったのは小学2年生の頃。学校の持つ雰囲気が嫌いだったそうです。担任が児童を叩いたりして暴力的だったことも原因でした。学校に行かなくなると今度は親から、学校に無理矢理引っ張って連れて行かれたりするようになり、朝の争いごとを乗り越えることの大変さで彼は気力を失ってしまい、ますます学校どころではなくなったのです。

転機は、小学4年生のときに訪れます。両親が「みちくさの会」という不登校の子を持つ親の会に参加するようになったことが端緒でした。その頃から家庭が少しずつ、ヨシオくんにとって安心して居られる場に変わっていった、といいます。そんな中、母親が新聞配達をしていたので自分もやってみようと思い、小学6年生の頃から新聞配達を始めたそうです。中学校入学後も、雰囲気が合わないと感じて、入学から一週間ほどで通わなくなります。

ヨシオくんは小学校の頃の先生や親からの暴言・暴力などで、大人は信用できないという思いを抱えていました。ですが、「みちくさの会」に参加した両親が、学校に行かない自分をありのまま認めてくれるように変わっていく姿に接して、「みちくさの会」に興味を持ちます。「みちくさの会」は佐賀市で一番はじめにできた不登校の子を持つ親の会で、１９８９年頃結成され、１９９０年にＮＰＯ法人「登校拒否・不登校を考える全国ネットワーク」に繋がっています。私が東京の晴海で合宿に参加したあのネットワークに、「みちくさの会」も入っていたのです。18歳の頃、ヨシオくん自身も「みちくさの会」に参加し、その中で、大人を信じてもいいかなと、思えるようになった、ということでした。彼と初めて会ったとき、「気が向いたら出かけてね」と伝えましたが、本当に来てくれるとは思っていませんでしたから、来てくれたことは嬉しい驚きでした。

トオルくん、タイチくん、2人の14歳と、20歳のヨシオくんの3人しかいなかったその頃、「居場所」は週2回。入ったばかりの20歳のヨシオくんは黙って俯いて座っているだけで、私たちと目を合わせるのも心もとない感じでした。何か話しかけても「はい」とか「いいえ」とかの返事すら返ってきません。かすかに肯《うなず》くだけなのです。私に限らずスタッフ一同、顔には出さないまでも、心は穏やかではありませんでした。ヨシオくんは小学校の低学年から不登校状態で、家族以外の人との会話はほとんどなかったと聞いています。それで、「これまで他人と普通に話ができていないから、私たちとも話ができないに違いない」と解釈しました。ヨシオくんのことは気にしていないふりを装って、トオルくんやタイチくん、スタッフ同士で他愛もない会話を続けたものです。たまに会話の流れがヨシオくんに向いてもほとんど反応はありません。それでも1～2カ月ぐらい経つと、ヨシオくんと私たちスタッフとの距離が少しずつ縮まる手ごたえを感じました。目と目が合うとヨシオくんから僅かに笑顔も出てきました。

そんな折、私の耳に、ひきこもりの子どもを抱えているスタッフのナカタさんが、ヨシオくんと話しているのがとぎれとぎれに入ってきました。

「うちの子と……で言い合ったんだけど、どう思う」ナカタさんがヨシオくんに尋ねています。

「お子さんの気持ち、僕はわかります」と、ヨシオくん。

「……うちの子、こんなんで大丈夫かしら……」とナカタさんが言いました。その次の瞬間です。

「そのままでいいんじゃないですか！」

私の耳には、ヨシオくんの言葉だけがはっきりと聞こえました。自信に満ちた言い方です。それまでの彼の態度との違いに、驚きを隠せませんでした。ナカタさんはひきこもっている息子さんのことがいつも気になっており、他のスタッフにもそのことを相談していたようで、私もナカタさんから相談を受けたことがありました。でも私にはひきこもりのことはよくわからないので、ただ話を聞くことぐらいしかできませんでした。わからないと思って聞いているために、話したほうも聞いてもらった気にならなかったのでしょう、ナカタさんはそれまで誰に聞いても自分の心のよりどころが見つからず、不安が解消できていなかったのです。

しばらくしてナカタさんは、「ヨシオくんと話したら、子どものひきこもっている状態は変わらないけど『なるようになる！　我が子に任せよう！』と思えるようになった」と私に教えてくれました。ヨシオくんの「そのままでいいんじゃないですか」がナカタさんの転機になったのです。

私たちスタッフにはひきこもりや不登校の経験がありません。自分の子どもを通して経験したにすぎないので、思い込みがあります。未経験の大人や親の思いと、体験者の子の思いとの間には、かなりのズレが存在しているのです。ヨシオくんのほうも、自分の思いを話せて、ナカタさんから自分の話したことを受け入れてもらえたと感じたようです。その出来事があってから、ヨシオくんは以前より明るく元気になっていきました。

ナカタさんとのことがあってしばらく経ち、ヨシオくんからときどき笑顔も見えて、かたつむりがおずおずと角を出すように、少しずつ心を開く姿が見えてきました。そんなヨシオくんにあるとき、「どういう気持ちで、『居場所』に出かけてきたの？」と思い切って尋ねてみました。

「できたばかりの不登校の子どもが集まるこの場所で、子どもをどんな風に見守るのか、どんな思いでこの場所を開いているのかを知るために、偵察を兼ねて参加してみました。嫌なところだったら、来るのはやめようと思っていた」

偵察……。ヨシオくんの返答は、私の予想をはるかに超えたものでした。「みちくさの会」を経験しているヨシオくんは、冷静に私たちを観察していたのです。この返答を聞いた私は、自分がヨシオくんを、「どうにかしてあげなければいけない存在」だと決めつけていたことを突き付けられた気がして、ドキリとしました。黙って俯いているヨシオくんにどう接していいかわからず困っていた自分を一刀両断にされた気持ちでした。

こうして、2002年4月頃から始まった不登校の子どもが集まる「居場所」は、その後何度か引っ越しをして、同じ場所で開いているわけではありません。ですがそのつどスタッフの知り合いなど無料で場所を提供してくださる方に出会うことになり、今に至っています。私が事件後に「少年」の背景からヴィジョンを得た居場所は、私が「頑張ら」なくても立ち上がってしまったのです。

ですが、名前がありません。ヨシオくんが居場所に慣れてきた頃のこと。集まる場所の名前が必要になり、スタッフが「ここの場所の名前は、親の会と同じ『ほっとケーキ』でいいよね」と言ったところ、子どもたち3人から「そんなのダサイ！」と一蹴されてしまったのです。否定しただけでなく、彼らは頼もしくも「俺たちで考える！」と言います。ほどなくして「ハッピービバーク」という名前を伝えてくれました。「ビバーク」は天候不順やケガ、道に迷った場合など「不時の理由」で露営することを指す登山用語です。なんて、すてきな名前でしょう。それには名前の由来の歌がありました。

ヨシオくんの好きなザ・ピローズというグループが歌っています（「HAPPY BIVOUAC」）。

4　ケンジくんのタバコ

２００２年11月、「ハッピービバーク」のメンバーに17歳のケンジくんが加わりました。ハッピービバーク（以下、ビバーク）が始まって半年あまり過ぎた時期にやってきたのです。

私がケンジくんと初めて会ったのは、彼が入院している精神科の病院でした。当時私は地域で主任児童委員という役を引き受けており、その集まりで、「様子を見守ってほしい」とケンジくんの周りの大人に彼のことを頼まれたのです。彼の退院後に地域の中で見守ってほしい、という意味でした。ケンジくんの入院先には市の職員の方や民生委員、そして私を含む２名の主任児童委員の数名で面会に行きました。面会室で待っていたのは、ニキビだらけであどけない顔の少年です。笑顔で挨拶を交わしたものの特に話すこともなく、わりとすぐに病院を後にしました。

その後ケンジくんが退院したとの連絡が入ります。ビバークに連れて行ってみようと私は家まで迎えに行きました。彼は、短い時間とはいえ一度会っていたこともあるからでしょうか、すんなり私の車に乗りました。来た当初は借りてきた猫のようでしたが、安心できる場所だと思ってくれたようで、少しずつ彼らしい動きが出てきました。

ケンジくんには少し「ワルぶる」ところがありました。精神科に入院しているというと神経質そうに思えるでしょうが、粋がっている面があるのです。そう感じることの一つには、未成年なのにタバコを吸うことがありました。私たち大人はタバコを吸っている子がいたら、「タバコは20歳になってからね」「身体によくないよ」「吸ったらダメじゃない」、いろんなことを言いたいものです。ですが、その子ども自身が誰よりも、タバコが禁じられていることを承知しています。吸うことがいいとか悪いとかを一旦脇に置いて、ケンジくんがタバコにこだわっている何かがある。頭ではそう考えながら、遠くない将来、スタッフからタバコについて指摘がくるだろうと考えてもいました。

ある日ビバークに来るなり、誰もいない部屋でタバコを吸っているケンジくんを見たナカタさんが、私に小声で言いました。「未成年がタバコを吸うのは法律で禁止されているから、やめるように言わなければいけないよ」

私は「ついにくるものが来たか」と思いました。「ちょっと待ってね」

まずはナカタさんを制して私は、彼にとってタバコがどんなものなのか訊こうと思いました。するとケンジくんときたら、すかさず「俺にとってタバコは飯より大事なものだ」と胸を張って答えたのです。「そうなんだ、大事なものなんだねー」と彼を口では肯定しながら、内心、困っている私がいました。

「こんなとき、ありのままを受け入れていいのだろうか?」

「ありのまま受け入れるとはどういうことなのだろうか?」

逡巡する私がいました。どんなときでも子どもを受け入れることが大切だ、と頭で理解していますが、それは難しい課題なのだと痛感する瞬間です。

けれどもそんな私の躊躇を超えて、事態は進展したのでした。その頃の昼食はスタッフが来ている子たちに「今日のお昼、何食べたい？」と訊いて、近くのお店に子どもたちも誘って買い物に行き、昼食を作るスタイルでした。その日はチャーハンを作りました。みんな気持ちがいいぐらいよく食べます。ケンジくんもよく食べましたが、あるとき私は彼が自分の希望は言わないことに気が付きました。昼食代の２００円を払っていないことに関係があるのだろうと考え、その思いは心にしまっていました。

その日もケンジくんはチャーハンを山盛り2杯食べましたが、昼食代を払おうとしません。するとトオルくんから、ケンジくんにクレームが出ました。「払わないなら食うな！　タバコは買ってるくせに！」

ケンジくんはしょんぼりしているように見えます。トオルくんの言うことも正しいとわかっているようです。かといって「飯よりタバコが大事」発言をしたばかりのケンジくんです。気まずい空気が流れました。私は何も口を挟めません。

食べ終わったトオルくんたち3人はテレビのある部屋に移り、ゲームをやり始めました。スタッフが「食器は流しまで持って行ってよー」と言いながら、自分の食器を持って流しのところに行きました。しばらくして、食卓のところで食後の一服を吸っているケンジくんに、今度は横にいたヨシオくんが、「僕タバコ嫌いだから、どこか別のところで吸ってくれない」と言いました。トオルくんの「タバコは買ってるくせに」という発言に触発されての発言だったのかもしれませんが、それはわかりません。ケンジくんは私に「タバコ、どこで吸えばいい？」と聞いてきました。「そうだねぇ……。それぐらい自分で考えなさいよ」と私は突き放して応えました。

彼はどこで吸おうか考えながらウロウロしてから、誰もいない玄関付近でタバコを吸いはじめましたが、しばらくして煙が隙間風に乗って部屋に入ってきます。誰かが「煙が目にしみる！」と叫びました。それを聞いたケンジくんは玄関の外に出て、戸を閉め、外で吸っているようです。しばらくして、「おお、寒かった！」と言って入って来ました。

私は、ケンジくんがどんな気持ちで吸っていたのだろうか？　そして、よく戻ってきてくれた、と続けて思いました。さらに、その日の一連の出来事をもとに「タバコをやめてほしい」という気持ちをケンジくんにどう伝えようか迷っていました。ところが、それらはみな杞憂に終わりました。なぜなら、その日以来ケンジくんは「ビバーク」でタバコを吸わなくなったからです。私たち大人のスタッフが抱いていた「タバコを吸うのをやめてほしい」という願いは、ヨシオくんの「僕タバコ嫌いだから」という言葉が発せられたことで、あっけなく実現されたわけです。大人からの禁止ではなく、参加者同士の会話の中で自然に流れができていったことで、大人の私たちスタッフは救われた格好になりました。

ですが、それから十数年経った今、この出来事を書きながら、疑問が次々に湧いてきます。

「ヨシオくんの言動は、私たちスタッフの気持ちを察してのものだったのだろうか。それとも彼は、本当にタバコが嫌いだったのだろうか。ヨシオくんにわざとらしさはなかったのだが……」

「ケンジくんがビバークで〝仲間が嫌いな〟タバコを吸うのをやめたのは、吸うたびに外に出るのが面倒くさくてやめたのだろうか。だとしたら、タバコを吸うことよりビバークに居ることのほうを選んだと解釈していいのだろうか。それともどういう心境だったのだろうか」

当時は思わなかった疑問が今は湧いてきます。結果オーライだったために、ヨシオくんやケンジくんに聞く機会を逸してしまったことが、今となっては残念です。

5 「道具」が必要なわけ

タバコを吸っていたケンジくんは、バドミントンの日にも来ていました。ですが彼はそれまでバドミントンをしたことがなかったようで、初めのうち、ラケットでシャトルを捉えることがほとんどできませんでした。ケンジくんと私はお互いに辛抱強くシャトルを打っては拾い、拾っては打ちしていました。そのうちラリーが2回3回と続くようになると、彼の顔から少し笑顔がのぞくようになりました。

あるとき私は、ケンジくんと別のスタッフとのラリーでケンジくんの目が輝き、顔つきまで変わっていくのを目の当たりにします。あんなに輝くように生き生きした笑顔を見たのは、彼と出会って以来初めてでした。そのときのシャトルはただのシャトルの域を超えて、シャトルにお互いの心と心を繋げていく役割があったように思えます。今までできなかったことができるようになったことが、顔つきを変えたのでしょうか。それともシャトルを受けたり打ったりしてくれる相手との出会いが彼を変えたのでしょうか。私にはどちらの要素も、彼の輝くような笑顔にとって大切だったのだ、と考えています。

人が人と出会うときには、それを介するのに役立つ道具も必要なときがあるのです。もっと言えば、不登校状態にあるということで、「人」と距離を置いている子どもたちにとっては、「道具」は必要なのではないでしょうか。

ではどんな道具なのか、と尋ねるのは、少し違うと思います。バドミントンが有効です、パズルがあるといいですよ、などと特定の道具に効果があるとは私は考えていません。ビバークのバドミントンが自然発生的に始まったように、そのときどきの「場」の自然の流れの中で決まっていく、と私は捉えています。

「ワルぶりたい」ケンジくんは、あるとき私の前で「俺、ヤクザから誘われている。ヤクザのところにいこうかな」とつぶやきました。私の反応をうかがっているのでしょうか。「ヤクザ」という言葉に内心、私はギョッとします。それがケンジくんに伝わっていたかは定かではありません。「なんでそんなことをわざわざ言うのかなー」と思いましたが、ともかくは平然と、「ふーん、そんなこと考えているんだ」と返しました。返したものの、心穏やかなはずがありません。

ケンジくんのことは、主任児童委員をしていた関係で預かっていたので、彼に関しての検討会議がときどき開かれていました。参加メンバーは市の職員、精神科医、私も含む主任児童委員などです。「ヤクザに行こうかな発言」が出た後の検討会議のとき、彼の言動について相談しました。そのときの精神科医は、私に「『少年』にも居場所があったら」と言った、あの医師です。先生は腕組みして考える素振りを見せながら、「そうだねー、ヤクザのところと、山口さんたちの居場所とどちらが居心地いいんだろうねー」と大真面目におっしゃるではありませんか。ヤクザとビバークとを同列に考えるなどといった発想が皆無だった私は、「えー、ヤクザのところと私たちの居場所を比べるのー」と絶句するしかありません。しかし、その言葉が発せられてからよくよく考えてみると、「そうだよなー、居心地だよなあ」と、私のおなかに落ちていくものがありました。面白いことをおっしゃる方だなあ、と、笑いさえこみあげてきました。

この検討会の後、特に居心地を良くしたわけではないのですが、ケンジくんはヤクザのところに行くこともなくビバークに来続けました。ケンジくんを否定せず、あるがままの姿を受け入れることができる仲間とスタッフがいたことが良かったのでしょう。ケンジくんの存在を否定しはしないけれど、タバコなど嫌なことは嫌と普通に言える関係を創れる仲間と居るほうを、ケンジくんは選んだのでしょう。

6 居場所の引っ越し

初めて「ビバーク」を開いた中央本町の家は、スタッフの知り合いが人から借りている家でした。「使ってないから、使っていいよ」と言われて使わせてもらっていたのです。不登校に理解を示す人でした。最初、家主は、不登校の子どもが集まる場所として使うことを、知らなかったのです。ところが一年を過ぎる頃、家主の知るところとなりました。

「不登校の子どもが私の借家を使っているなんてとんでもない。不登校の子どもは何をするかわからない。すぐ出て行ってくれ」

家主が怒っている……。不登校や私たちの「居場所」のことをそんな風に言われたと知り、社会の状況から考えると「そうだろうな」と納得する私もいました。私も娘の不登校を経験していなければ、そのように考えたと思います。

ですが、「そうじゃないのに」という思いもあります。私たちのことを理解してもらうためにも、家主と話し合いを持ちたかったのですが、間に挟まった知り合いに迷惑をかけては申し訳ないという思いが頭をもたげ、また、家主がどんな方かわからなかったので、理解していただける自信もありません。話し合いは諦め、新たに、不登校の子どもが集まる場所を創るために使わせてくれそうなところを探すことに頭を切り替えることにしました。

２００3年5月、運よく、不登校の子どもが集まる場所に使っていいという家をスタッフから紹介してもらい、引っ越すことができました。引っ越し先はとても大きな一軒家で、場所は佐賀駅にほど近い佐賀市神野《こうの》。歩いてすぐのところには、幕末の佐賀藩主鍋島直正が建てた別邸跡である、神野公園があります。

新しい「居場所　ハッピービバーク」は、東向きの広い玄関を入ると南側に広い客間と、玄関の北側にも部屋があります。そこは「相談者の部屋」として使うことにしました。その北側の部屋の奥には北向きの広い台所があります。台所の横には畳が敷いてあり、そこが茶の間です。みんなのおしゃべりの場や、食事をするところになりました。台所の南側に部屋が3部屋並んでいて、その真ん中の部屋にテレビを置くことを子どもたちが決めました。いつもは2部屋を使うことにして、一番奥の部屋は板の間だったこともあり、本を並べて図書の部屋にすることができました。

引っ越しによって「ビバーク」のスペースが広くなってから、広さに合わせるかのように参加する子どもが少しずつ増えていったことも不思議な現象でした。子どもが増えていったことで、スタッフは子ども同士や、スタッフと子どもとの関係での向き合い方や、スタッフとしてどういう風に距離を置いて、または置かないでいくのかということを考えざるを得なくなりました。そして、この場所「ハッピービバーク」とはどういうところなのか、どういうことがここでできるのか、できないのか、参加費や維持運営も含めていろいろなことを話し合っていくようになります。その結果、子どもの居場所ハッピービバークのパンフレットが出来上がったのです(当時)。

フリースペースハッピービバーク

ハッピービバークは、子どもが安心してのびのびと過ごせる「居場所」です、「主体は子ども自身！」。子どもの「やりたい気持ち」を大切に「自分で決めること」「自分で創造すること」をとおして仲間づくりを実践できる場を作っています。

〈居場所・利用案内〉

●いつでも入会できます。一度見学に来てください。誰でも、いつからでも入会できますが、「本人が入会したい」という気持ちを大切に考えます。まずは遊びに来てみませんか？

〈居場所・活動日〉　※基本的に学校が休みのときは休みます。

●毎週　月曜日と水曜日　10：30　～　16：00

☆月曜日はみんなで昼食会を楽しんでいます。

☆水曜日は自分でお弁当をもって来てください。

●毎週　木曜日　13：40　～　16：00

♪　佐賀市青少年センターの体育館でバドミントンなどスポーツを楽しんでいます。

♪　スポーツだけの参加もOK♪♪

〈居場所・会費〉

●1カ月　3000円

子どもの居場所維持運営費、子どもの活動費に当てられます。

第6章　「親」「大人」のありかたとは？

1　28歳で反抗期⁉

広くなった「ハッピービバーク」には、相談に来られる方や見学者も増えました。「相談者の部屋」は玄関の横の6畳間で、戸を閉めれば子どもたちの声はほとんど聞こえて来ません。相談に集中できるのは良いのですが、子どもたちと一緒に遊べなくてさびしい気持ちになるときもありました。それでもその頃は、一つ一つ精いっぱい向き合おうと頑張っている時期でした。

その頃出会ったのがヤマムラさんです。２００３年10月、私の知り合いから紹介されたと言ってやって来ました。16時頃ヤマムラさんが着かれたとき、まだ居た子どもたちやスタッフは、「さようなら」「お疲れ様」と言いながら三々五々帰っていきました。そして「ビバーク」の中はヤマムラさんと私だけが残されて、ひっそりとしました。

ヤマムラさんは今まで家族の中で起こったこと、28歳になる息子さんと父親との関係などを包み隠さず事細かに話をされました。日ごとに陽が落ちるのが早くなっていく季節で、ふと見るとあたりは暗くなっています。時計を見ると18時を回っていました。明かりをつけなければと気づき、蛍光灯の紐を引っ張りました。話はそれでも続きます。ときを忘れて話に耳を傾けていた私は聴き終わると、「今、やっと反抗期なのよー」と言うともなしに第一声が出ました。その途端ヤマムラさんは、びっくりしたような顔をしました。

「実は、精神科の先生にも、同じことを言われました」

ヤマムラさんは息子さんのことが心配で、自分だけで精神科を訪れ、話を聴いてもらっていたのでした。精神科の先生もそして私も、息子さんには会わないまま、ヤマムラさんの話だけでそう言ったのです。もちろん精神科の先生は根拠があっておっしゃったと思いますが、私の場合は直感です。根拠はありませんが、言葉がのどをついて出てきました。ヤマムラさんは精神科の先生から言われたときには、「28歳にもなるのに、今が反抗期だなんて！」といぶかしく思ったようですが、まったく別の私が同じことを言ったので、見方がガラリと変わったようでした。

「山口さんに『今が反抗期なのよ』と言われてから、反抗期なら通り過ぎる！　そこまで頑張ればいい！　と腹がくくれた」と伝えてくれました。そこからヤマムラさんは「親の会」に参加するようになります。息子さんはヤマムラさんが親の会に参加しなくてもいい状況になっているにもかかわらず、２０２０年まで「親の会」に参加し続けてくれました。

2　低学年のマサコちゃん

「ハッピービバーク」がスタートした中央本町の家にははじめから電話が備えつけられていましたが、新しく引っ越した神野の家には電話がありません。２００3年ですから、すでに携帯電話がかなり普及していたものの、私は持たないですませていました。ですがそうも言っていられなくなってきました。居場所に外からの連絡がくるので電話がないのは困ります。

携帯電話を持つや早速、電話が鳴ります。「隣の県からですけど、見学に来たいのですが……」はきはきしたお母さんの声です。もう途中まで来ていると言われたので、近くの公園まで歩いて迎えに行ったのを覚えています。それが小学2年生のマサコちゃんとの出会いでした。利発そうでかわいい小学生で、「なんでこの子が不登校になったのだろう」と不思議に思いながら一緒に歩きました。

到着するとマサコちゃんは子どもたちに遊んでもらい、私ともう一人のスタッフが「相談者の部屋」でお母さんの話を聞きました。初めて来たビバークでお母さんと離れて、初めて会う仲間たちの中に一人で放りこまれたマサコちゃんでしたが、嫌がりもせず仲間の中に入っていったのでした。小学2年生ならそれぐらいできて当たり前かもしれませんが、不登校の子はすんなりとは仲間の中に入れない子が多いものです。お母さんはというと、マサコちゃんと別れて、学校での出来事やマサコちゃんの不登校に対するご自分の考えなどを話されました。

親子が帰られると、私たちスタッフは、「どうしよう」と顔を見合わせました。低学年の不登校の子どもを抱えた経験のあるスタッフがいなかったからです。「『ビバーク』で受け入れて、大丈夫だろうか」「ここでどんなことができるだろうか」「勉強はどうしよう」などいろいろと思いわずらいが湧いてきます。マサコちゃん親子はこれまで複数の不登校の居場所を回っておられたし、隣の県からの見学です。正直に言うと、「来ない」と言ってくれることを密かに願う気持ちがありました。ところがあに図らず、「子どもが『もう一度そこに行きたい』と言ったので、これからも参加したいのですが……」それが先方からの連絡でした。

話し合いを通して私たちスタッフは、「『本人が参加したい』と言う。当事者の気持ちを大切に考えるのが『ビバーク』のあり方ではないか」と確認し合いました。断ることはしない、マサコちゃんを受け入れる、という結論に達したのです。

そんなマサコちゃんとの付き合いが、まさかその後7年、彼女が中学3年になるまで続くことになるとは、そのときは考えもしませんでした。最初に一人で放りこまれた場はマサコちゃんにとって家庭とも学校とも違う、歳の違う仲間がたくさんいるけれど、安心して居心地よく過ごせるところだったのではないか、と後になって思ったものです。

来たばかりの頃の小さくてかわいいマサコちゃんと私たちスタッフや仲間は、絵本を読んだりカルタ取りをしたり、たまにはおんぶをしたり、広い客間ででんぐり返しをしたりして遊んだものでした。マサコちゃん親子は隣の県から来ているので、お母さんもビバークにマサコちゃんと一緒にいます。私がマサコちゃんをおんぶしていると、お母さんはあまりいい気持ちがしないことが見て取れました。それでもマサコちゃんが求めるまま、私はおんぶを繰り返していました。

「マサコ、何しているの、早く下りなさい！」お母さんには、「小学2年生にもなっておんぶされるなんて」という思いがあったのでしょう。それが周りを気にしてのことなのか、子どもを甘えさせたくないという気持ちだったのかはわかりませんが、いずれにせよ、それはお母さんの側の気持ちを言葉にしたものです。お母さんはマサコちゃんの気持ちを汲むのではなく、自分の立場からしか言葉を発していません。親は自分の考えを子どもに押し付けてしまう存在なのは、私も自戒を込めて経験済みです。マサコちゃんはお母さんから「下りなさい」と言われてもおんぶされたかったのです。それとマサコちゃんは、「ここでは、甘えていい」と感じられたので、自分の要求を繰り返したのでしょう。

ビバークを始めたばかりの頃、トオルくんのお母さんがスタッフとして関わっていたときにも似たようなことがありました。お母さんは家での接し方と同じようにトオルくんに注意をしたり小言を言ったりされたのです。そのとき私はお母さんに、「しばらく来ないでほしい」とお願いしました。

私は家庭もビバークも同じように子どもの「居場所」になり得ると思っていますが、家庭とビバークとは、違う側面もあります。家庭と違うのは、ビバークはあくまで優先順位の一番が「子どもたちが主体」として育っていく場だ、ということです。子どもが主体として育つために、ビバークでは子どものわがままや要求をいい悪いと判断する前に、そのまま受け入れることを第一にしたい。特に不登校の子どもは、学校に行ってない、みんなと違っているというだけで、同調圧力のある日本では自己肯定感が低くなりがちだ、と言われます。自分を卑下してしまいがちな子が、より自分らしく主体的に居られるには、子どもがビバークを「自分が居ていい場所」と確認するまで、大人側のスタッフが子どもを懐深く受け止める必要がある、ということがその頃にはスタッフの共通理解になっていました。

親は子どものあり様を受け止めながらも、他方では親の思いで「こうあってほしい」、たとえば

「人には迷惑をかけないでほしい」など、何かと子どもに要求を持つ存在です。その上、親は自分の要求は子どもに受け入れてもらいたいのに、子どもの要求はそのまま受け入れられないのも厄介です。

ですが、私もそうでしたが、親も自分を押し殺してばかりはいられません。親だって人間なのですから、さまざまな気持ちや要求があるのは当然です。家庭は親にとっても「居場所」です。親の思いで暮らしていくことは、それはそれで是としなくてはいけない面もあります。そこに、家庭とは違う、親から距離をとったビバークの存在意義があるのです。

ところがマサコちゃんのケースは、少し難しいところがありました。マサコちゃんをビバークまで送って来たお母さんは、家が遠いので、マサコちゃんがいる間家に帰るわけにはいかないからです。私は困ってしまいました。「図書館に面白い本があるかもしれないから探しに行って来たら…」とお母さんに勧めたこともあります。

ところがそうこうするうちに、佐賀に住んでいる母親の体調が悪くなり、ビバークに来る日は、実家に様子を見に行くようになりました。しかもお母さんは、「マサコが学校に行ってないことを父親には内緒にしているのです。父親が元気なうちは、平日に学校に行っているはずのマサコを連れて実家に帰るということはできません」とおっしゃいます。なりゆきとして、マサコちゃんはお母さんから離れて一人でビバークに居る流れになったのです。そうした、私たちが目的や意図をもって動かなくても状況が変化するようなことは、「居場所」を運営しているとたびたび経験してきました。

おかげでスタッフやビバークの仲間は、マサコちゃんと自由に遊ぶことができるようになりました。カルタ取りやトランプ・散歩などマサコちゃんがやりたいことが全部できるようになったのです。小さいマサコちゃんがいると、中学生の仲間とはいろいろ揉めたりするトオルくんがマサコちゃんにはやさしく接してくれる、という面を見ることができたのも嬉しい副産物でした。

3 「親の会」のやくそくごと

2004年頃になると、参加者が増えた「親の会」では、小学生の子の親から高校生以上の親まで、子どもの年齢に幅が出ました。あるとき、自分の子より10歳以上年上のひきこもりの子の親の話を聞いた人が、「うちの子も大きくなって、このままひきこもってしまうのかしら？」と不安を口にされました。そこでスタッフ会議を開きました。それまでスタッフ会議は話し合いが必要なときに開いていましたが、この頃から月1回定期的に開くようになっています。もちろん気になる子がいたときなどは、子どもたちが帰った後、随時話し合いを持ったりもします。

スタッフ会議では、「そんな余計な不安を与えるのはよくない」と一同で考え、その結果、義務教育課程の子を持つ親と、高校生以上の子を持つ親とを分けることになります。それまで「親の会」は月1回の開催でしたが、月2回の開催に変更することにしました。時間の経過と共に地域での認知度も上がり、県の精神保健福祉センターや県や市町村の教育委員会と連携が取れるようになりました。

一方で、参加する人が増えると、親御さんのニーズも多様になり、「不登校からの脱却」という「答え」や「結果」を求めて参加する方も出てきました。「ほっとケーキ」のメンバーは、我が子の不登校の体験から学んだに過ぎませんので、私たちはその家庭が求めるような「答え」を返すことはできません。「答え」や「結果」がほしいとの思いで参加した人の中には、がっかりして来なくなる人もいたのです。

そういったことも含んだ上で、親の会「ほっとケーキ」のあり方や、やり方を考える必要に迫られます。親の会をどのような思いで開いているのか活動内容を知ってもらうために、スタッフの中で「親の会のやくそくごと」を作ろうという動きが出てきたのです。

何もないところからはどう決めていいのかわからないので、他所のパンフレットに書いてある規則や約束事を引っぱり出してきて、元気のいいスタッフがどんどん決めていきました。私は決まっていったことを「ここはいいねー」とか「ここはもう少し言葉を選ぼうよ」とか言いつつ、みんなで考えながら「親の会のやくそくごと」は決まっていきました。ひらがなで「やくそくごと」としていますが、約束事と同じ意味です。なんとなく現場の表現として、ひらがなになりました。

親の会「ほっとケーキ」のやくそくごと

- この会を「安心して語り合う場」とするために、ここで話されたことは会内部に留めています。
- 参加者の生き方や価値観はすべて尊重されます(批判、干渉、中傷はしません)。
- 子どもの不登校、ひきこもり、子育てで悩む親同士が同じ立場で自由に語り、学び、支え合う場です。個人の体験は語りますが頼まれない限り助言はしません。お互いの気づきを大切にしています。
- ご自分が話したくなった時に、話したい内容だけお話ください。同時にほかの参加者の話に耳を傾けましょう。その中で自分にとって必要なことは自由に持ち帰ってください。逆に今の自分に必要でなければこの場に置いて帰りましょう。

以上のやくそくごとを、会の始めに参加者が交代で声に出して読んでから、会を始めるようにしました。

親の会のやくそくごとだけでなく、その頃、親の会「ほっとケーキ」が運営している、不登校の子どもが集まる場所「ハッピービバーク」の維持運営が苦しく、維持費の捻出の仕方も合わせて考え、話し合っていた時期でした。親の会の会費を月500円集めるようになり（現在は無料）、親の会自体の支え合いの他にビバークの維持運営にも使うこととしました。さらにビバークの維持運営のために、他の団体に倣って賛助会員を募るようにもしました。個人年会費2000円・団体年会費1万円として、年2回発行する「ほっとケーキだより」を送ることに決めました（現在は年1回）。

「対話」については、子どもの居場所であるビバークには特別の制約はありませんが、親の会では、「親の会『ほっとケーキ』のやくそくごと」に守られながら「対話」が進みます。

親というのは、子どもが不登校になろうがなるまいが、たいがい学校や社会、世間に合わせて生きています。「社会的文脈」に沿って生きている、とでも言い換えられるでしょうか。単に合わせてきたという以上に、他人にどう見られるかを基準にして、自分を殺してきた面があると思うのです。その文脈の中で、我が子が不登校やひきこもりになるという状況を抱えるわけです。そうなると学校や社会や世間に合わせられないので、文脈に沿わない苦しみが生まれます。

そんなとき、同じような状況の中で生きている人たちと出会い、対話する中で、自分の今置かれている状況を自ら受容していくということが起こります。親の会「ほっとケーキ」を私は、そういうことが起こる場として捉えています。「ほっとケーキ」での親たちは、複数の人との対話の中で、自分の「考える癖」だとか、思ってもみなかったさまざまな考え方があることにも気づきます。自分に合う考え方の道筋を、時間をかけて自分で見つけていくことを模索する場にもなっています。不登校の子どもを抱えて生きてきた先輩の親が、不登校になったばかりの子どもを抱えた親と向き合いながら、あたりまえに「人が生きる」ということを、子どもたちを中心において対話していく場にしていこうともしてきました。親が主体的に考えたり、子ども自身が中心になることを、「社会的文脈」に対して「自律的文脈」とでも名付けましょう。

親の会「ほっとケーキ」が持つ「場のちから」によって、「社会的文脈」での不登校の捉え方が、「自律的文脈」での捉え方に変化するのをしばしば目撃してきました。そういう変化が起こるには、「やくそくごと」は、必要でした。

4　2回目の引っ越し

新しい「居場所」に越して1年3カ月が過ぎた2004年8月頃、突然家主さんから私たち「ハッピービバーク」のスタッフに「話がある」と呼び出されたので出かけると、家主さんが怒っていました。「あなたたちは、偽善者じゃないの！　子どもは親が育てればいいのよ。こんなところで何をやっているの。私の子育ては……」

延々と家主さん自身が子育てでどれほど頑張ってこられたかを話された上で、私たちのやっていることに対してのお叱りを受けました。反論もできず、不登校になったつらさを伝えることもできないまま、一方的な話し合いは終わったのです。

それまでの一年あまり、家主さんはときどきビバークに様子を見に来られており、一緒に話をしたりもしていましたから、そんな風に言われたときはショックを隠せませんでした。何がきっかけで豹変されたのでしょうか、わかりません。ですが、前回の引っ越しのときもそうでしたが、今回も不登校に対する世間のまなざしの厳しさを感じました。それでも、私も自分の子どもの不登校の経験がなければ、同じようなことを考えたかもしれないと、いつものように思ってしまい、反論できません。結局、その神野の家を出ることになったのです。

日々さまざまな出来事や変化や一人一人の心の動きがあります。スタッフの思い通りにも、子ども自身の思い通りにも行かないことはたくさんあります。それは不登校であるとかないとかいうことには関係ないでしょう。人は誰でも、多種多様な人と関わりながら、思い通り行ったり行かなかったりする現実を生きています。私はその他者との関わりの中で、自分がそこに「どう立っているのか」が重要だと考えてきました。

今度は、私が地域の役を引き受けていた関係で、元焼き鳥屋だったという狭い小屋を提供してくれるという話が舞い込んできました。小屋の外壁はトタン張りで、近くの高校の美術部の生徒が、天使が舞い降りたようなかわいい絵を描いていました。

佐賀市水ヶ江ですから、塚本先生の自宅兼「幼児室」に近い場所です。大きな通りに面していてバス停がすぐ横にあり、バスで来る子にとっては好都合な立地でした。そうは言っても、ビバークに来始めたばかりの子はバスにも乗れないのは、よくあることです。

この頃ビバークの参加者は、小学生がマサコちゃんを含め5人、中学生が5人、高校生の年齢の子が4人、18歳以上が2人で計16人に増えていました。もっとも、みんながいつも出かけてくるわけではありません。また、狭くなったことや、通りに面したことで排気ガスが気になると言って来なくなった子もいます。そんな変化を私たちスタッフは、こう考えていました。「『ハッピービバーク』は来なければいけないところではなく、来たい人が来たいときに来るところ。だから、来なくなるのはそれはそれで仕方ないことだし、それがその子にとっていいことかもしれない」と。

さて、引っ越しです。元焼き鳥屋は、神野の大きな一軒家と違い、一部屋しかありません。神野では、私たちの活動を知った方からこたつや本をはじめ、ゲーム等々いただいたものがたくさんあったのですが、道具や本は、新しい「居場所」には置くスペースがないので、必要な物だけを運び込むことになりました。

引っ越すたびに必ず出てくるお決まりの問題は、テレビを置く場所をどこにするのか、です。子どもたちがまずテレビを置く場所を決め、テレビの配置が決まった後でテーブルを置き、何とか座る場所を確保した次第です。

5　次男にさとされる

私がバスジャック事件に遭った当時、高校1年だった次男は、この頃大学生になっていました。「親の会」や「居場所」が軌道に乗り始め、講演で忙しく過ごしていた私にあるとき次男が、「お母さん、外ではかっこいいこと言っているよね！　子どもを丸ごと受け入れて！　とかさ。でも、俺のこと受け入れていないじゃん」と言いました。「はあ⁉　なんてことを言うんだろう」と聞いた瞬間は思いました。

次男は率直にものを言って、私にいろいろなことを気づかせてくれる存在です。高校生のとき、次男の高校に行く用事ができたときのこと。私は多感な思春期まっただなかの次男に、「顔に傷があるお母さんは嫌やろう！　恥ずかしかろう？」と聞きました。そのとき次男は「いや〜、僕はお化粧の濃いお母さんのほうが嫌だな」と応えてくれ、少しホッとしました。そして、私自身が、自分で顔の傷のことを気にしていたことに気づきました。そんな次男が「俺のことは受け入れてない」とは、何がそう言わせているのだろうと、私なりに考えました。

長男に対しては、初めて母親になれたという感動はありましたが、ちゃんと育てなければ、という気持ちのほうが強かったのか、子どもそのものをかわいいという気持ちを感じる余裕がありませんでした。次男は3人目の子どもということで、親としてのあり方が変化していました。2人目、そして3人目になってようやく、「子どもってかわいい！」という感情が湧いてきたのも、その一つでした。

かわいいと感じた子どもを、私は無意識に甘やかしていました。次男は大人になりつつあったにもかかわらず、私の中に「甘やかして育てた」という気持ちがどこかにあり、つい心配になっていたのです。

「俺のことを受け入れてない」。次男からそんな風に言われたことで、次男をいつまでも親の保護の対象として見ていることに気づきました。気がついたら、その部分を意識的に手放していけばいいだけです。長男から「俺は失敗作じゃないよ」と言われたように、次男のことも、「甘やかしてしまったことも含めて次男なんだ」と思い直しました。

言われた当初は、「なに！」と反発した私でしたが、親の嫌な所を言える親子関係でよかったと今は思います。子どもは親から良く思われたいために、親に苦言を呈することはためらわれるものですから。

III

第7章　被害者の視点、加害者の視点

1　少年刑務所で話す

事件から4年が経った頃、「少年」の両親と佐賀駅で偶然出会いました。同じ佐賀市内に住んでいますから、ばったり遭遇することもあるのです。京都の医療少年院に面会に行かれるとのことで、二人は挨拶もそこそこに改札口を去って行かれました。子どもが犯罪者になったことで崩壊する家族もあると聞きます。挨拶もそこそこだったことに失礼だと思うよりも、「こうやってたびたび『少年』との面会に出かけていらっしゃるんだなあ」と感慨深いものがありました。悲惨な結果になってしまったとはいえ、そこからもう一度家族として真摯《しんし》に向き合ってほしいと思いました。そして少年院の教官や弁護士の方々との出会いの中で、家族だけでは気づかなかった、より良い親子の関係をこれから築いていかれるよう、両親の後姿を見送りながら、祈らずにはいられませんでした。

それから間もない2004年7月18日。塚本達子先生の夫、塚本平《たいら》さんが亡くなられました。大腸がんでした。妻不在の4年を、よく過ごされたと思います。事件後しばらくはテレビで警察のSAT

（特殊急襲部隊）がバスに突入し、煙が上がっている映像が流されていました。「その映像を見ると胸が締め付けられるようだ」とおっしゃっていたのを思い出します。20年来の日課になっていたという朝5時に起きて散歩をするコースに、先生の死後はお墓参りが加わり、毎朝、塚本先生のお墓に手を合わせていらしたと聞いています。最期のときを過ごされたホスピスのお部屋の引き出しには、事件の数カ月前にご夫婦で出かけた武雄温泉で撮ったお二人の写真があったそうです。

塚本達子先生は、スケールの大きな考え方をする人でした。今でこそあまり言わなくなった言葉ですが「島国根性」という言葉があります。狭い身の回りだけ平穏で波風が立たなければよい、という心の持ち方ですが、先生にはこの「島国根性」的なところがありませんでした。戦前の朝鮮半島で10代後半まで育たれているので、先生が大きな視座で物事を考える根っこを、「大陸で育ったからかなぁ」と私は考えていました。その先生と大恋愛で結婚した平さんでしたが、先生と違って細かいことにも正確で、きちんきちんと事務をこなす勤め人でした。先生が小学校を辞めたいと言ったとき平さんは、公務員としての安定した職業を捨てることに反対したと聞きます。民間企業を定年まで勤め上げ、現実主義者だった平さんが、理想主義者といえる妻の仕事や信念に真剣に向き合われたのは、妻の死後のことでした。

平さんは先生が亡くなると、先生が遺した雑記帳やモンテッソーリ教育の授業のノート、小学校や幼児室で配布したプリント類をきれいに整理して残していらっしゃった、ということでした。その遺品と一緒に、結婚前に先生が平さんに出した手紙7通もあったそうです。

平さんの葬儀には、「少年」の両親の姿もありました。

加害少年たちに伝えたいこと

その年から私は少年刑務所などから呼ばれて、話をするようになっていました。当時は、「被害者の視点を取り入れた教育」の一環であり、現在は被収容者に対する「刑執行開始時指導」に関わる講師として呼ばれたのです。20年近く経つ今でも続いています。

「被害者の視点を取り入れた教育」は、「犯罪被害者等の意見等を踏まえた適切な加害者処遇の推進」に取り組むために始まったものです。私が話す内容は事件の状況やそのとき感じたこと、事件後の病院でのこと、加害「少年」やその両親のことなどです。感想文が手元にあるので、収容施設の許可を得て数名分を抜粋しておきます。

○西鉄バスジャック事件の被害者である山口先生のお話を聴いて、犯人である「少年」から傷を負わされ、さらに自らの命まで取られかけた時、「もう、よかやんね」と言う同乗していた学生の言葉に助けられた体験談には想像を超えるものがありました。そして、そんな状況にあるにもかかわらず犯人の「少年」に対して、「少年」が悪いのではなく育った環境や彼の周囲にいた親や大人達に問題があったのではないかと考えられる心の広さを強く感じました。私を含めて刑務所に服役している人間は、それぞれどんな状況があったにせよ自分自身の身勝手さから事件を起こし服役している者ばかりです。それなのに被害者の立場の先生から言われる言葉は、逆に犯人を擁護するものでした。最後には「心からの謝罪をしてほしい」とお話しされ、「こころからの

謝罪」を考えさせられました。(後略)

○先日講話がありましたが、正直面倒臭いなぁという気持ちでしたが内容が昔あったバスジャック事件で、その被害者の方の話という事で興味が出たが、それも好奇心程度でした。ですが、講話が始まり心から興味が湧きました。バスジャックはいろいろとショッキングな事件でした。被害者の方は重傷を負い、連れの方は犯人に殺され、しかも犯人は十七歳、色々と問題のあった犯人を被害者の方は、恨むでもなく、かといって許すでもなく、見守ると言っていました。これはとても大変な事だと思います。犯人の今後を見守っていきたいと、自分を傷つけられ、知り合いを殺された犯人を。優しく厳しい言葉だと思います。(中略)僕は今罪を犯して刑務所にいます。今罪を犯したからには当然被害者がいます。今回この講話を聞いて考えが変わった気がします。今後は、人の心を理解できる一人前の大人になって社会復帰できるように努力して行きたいです。(後略)

○何よりまず一言でいうと〝救われた〟という気持ちでした。〝愛されたい〟ってずっと願ってきた、その気持ちを何で分かってくれるんだろうって、分かってくれる人がいたことが本当に嬉しくて仕方なかった。愛されたくて必死だった。何だって頑張って、チャレンジして、身に付けて、認めてもらいたくて、でも一度だってほめてもらえなくて〝もっと、もっと〟っていわれるたび、あたしは自分を責めた。なんでできんのよとか、愛されたいって願うことがわがままなのかなとか、自分を責めることしかできなかった。〝大人〟には分からないって正直思ってた。こんなに必死にもがいても〝何かのせいにしては駄目〟〝愛されてないことはない〟ってみんな言うから、〝そうだ〟って自分に言い聞かすことしかできなかった。この気持ちが少しでも分かる人と出会えたことでわたしは、やっぱり頑張ろうと思えました。（後略）

○被害にあった先生の話を聞いて「被害者にも加害者を支えてくれる人がいる。痛みを分かってくれる人がいる。事件が起きた日から悲しみや苦しみと戦って被害者はいろんなことを考えながら消えない傷を抱えて日々を過ごしている。そんな被害者のことを考えたこともなかった。一番辛いのは被害者なんだ。」って思いました。被害にあった先生の事件の日から今日までの辛さに共感する気持ちをもって話を聞くことができました。私自身、いじめられて不登校になって部屋に引きこもってリストカットを繰り返し、精神科に入院した過去があるから、人を刺した「少年」の心の痛みが嫌というほど分かりました。（後略）

少年犯罪の被害者が話に来るというので、「加害者を責める言葉を聞かされるのだろう」と最初は緊張している受刑者や少年院生たちの前で、私は話し始めます。話しているうちに少しずつ顔つきに変化が表れ、涙する人も出てきます。彼らは話をよく聴いてくれます。そして感想文を読んで感じることは、加害行為を行った者も特殊な人間などではなく、私たちと同じような感情を持った人間であったということでした。これは私の実感としてあることなので、ぜひ知っていただきたいのですが、彼らは私の講話を聴きながら、自分自身の体験や事件にも向き合っていることが感じられます。

それでも私は、彼らに言うことがあります。「自分たちはなんでこんなところで、こんな不自由な暮らしをしているんだろう、と思っているかもしれません。でも、あなたたちは税金で養われているんですよ。被害者やご遺族への支援は、ほとんどないんですよ」

そんなことを彼らに言っても制度が変わるわけではありません。本当は、お金の問題でもないのです。ですが、加害者に比べて、被害者側への物心両面での援助の少なさは本当につらいことだと思うので、思わず話してしまうのでした。

私たち被害者の願いは、加害者が心から悪いことをしたと思ってくれることです。その証として再犯をしないことです。それを願って、講話に行っているところがあります。

少年刑務所に行くといつも読む本の一節があります。２０２１年に亡くなられた分子生物学者である村上和雄さんの『命のバカ力』(講談社＋α新書)という本で、その中にある「環境や経験の影響力」という項目です。


遺伝子のＯＮ・ＯＦＦ機能をうまく活用するには、それなりの要因が必要です。

たとえば、末期がんを宣告された人たちがモンブラン登頂《とうちょう》に挑戦したところ、免疫力《めんえきりょく》が上昇したという実例があります。また、がん患者に落語を聴《き》かせ、おおいに笑ってもらったあとで免疫力を測定したら、向上していたという臨床《りんしょう》報告もあります。

女性が恋をすると肌が美しくなるというのも、わくわくした気分が遺伝子をＯＮにして、肌を美しくするホルモンを分泌《ぶんぴつ》させるからだと考えられます。

心のもち方、つまり、心が好ましい状態に置かれると、眠っていた遺伝子が目覚めるきっかけになることは、ほぼ間違いないでしょう。

また、一般に悪いと言われているストレスも、必ずマイナスにばかり作用するとはかぎりません。深い悲しみを経験したことが、眠っていたいい遺伝子を目覚めさせる契機《けいき》になることもあります。

遺伝子ONの効果がもっともはっきりとあらわれるのは、思いきって環境を変えたときでしょう。

環境を変えると、身も心も新たな刺激を受け、それが意識の変化となって、遺伝子のON・OFFにかかわってくるはずです。

読んだ後、私はこう言います。「私も事件に遭ったことで、いい遺伝子にスイッチが入ったのでしょう。今は皆さんの前で話していますが、以前は人の前で話すことは苦手でした。そして、皆さんほど環境の変わった人はいませんよね。この佐賀少年刑務所に入ってきて、いい遺伝子にスイッチを入れるか入れないかは、それぞれが自分で決めてください」

たった一人でも変わるなら

私は求めに応じて、少年刑務所に講話に行き始めました。「被害者」と一口に言っても、私のように加害者を擁護するような被害者は少ないでしょう。あるときふと、収監者に寄り添うような話をすることは「被害者も案外、寄り添ってくれるものなんだ」と収監者に思わせるかもしれないと考えました。そんな彼らが出所後、前科者だと後ろ指をさされてしまったらどうでしょう。かえって傷は深いかもしれません。そう考えると、私の話が、彼らの裏切られたという思いを深めてしまう、と思えてきました。そこで、「少年刑務所に話に行くのをもうやめよう」と、そんな風に考えているとき、ある医療刑務所から講話の依頼がありました。どうしようと迷いながら、話に行きました。

講話に行ってしばらくしてから、そこの刑務教官からメールが届きました。その方が担当している収監者の中に、一言も話さない方がいたそうですが、その収監者が私の講話を聞いた後で「山口さんにだったら、話ができるかもしれない」とぽつりと言ったとのこと。そして次の面接のときその人は刑務教官に3時間以上、自分のことを話したというのです。刑務教官の方はびっくりされ、感動してわざわざメールをくださったのでした。

メールを読んで、私もとても驚きました。「山口さんにだったら……」と言いながら、私にではなく、刑務教官に心を開いて、話をされたからです。「こんなこともあるんだ！」と力が湧いてくるようでした。

「やはり、続けよう。たった一人でもいいから、自ら変わろうと思ってくれる人がいるなら……」

講話をやめようかと考えていた私でしたが、一人でも心を開いてくれた人がいた！　という事実が私の心を動かしたのです。

それでも長年、少年刑務所で講話を続けていると、いろいろと批判されるのも事実です。ある方から「理想的な話をされるんですね！」と言われたこともあります。その方の現実は、私の語るような甘い世界ではない、とおっしゃりたいのかもしれませんが、私は私で、絵に描いた餅の話をしているのではなく、私が本当に体験したこと、感じていることを話しています。ですから、私の話も、私にとっては現実の話なのです。ときを重ね経験を蓄積するにつれ、その方はそのようなお考えになられたのだと、私のほうで割り切れるようにもなっていきました。

2　シャイなカズオくんのその後

定期的に少年刑務所等に出向くようになっても、私の日常は「居場所」や「親の会」が多くを占めていることは変わりません。

4年生のときにお兄ちゃんのタイチくんに連れられてバドミントン「だけ」から「ハッピービバーク」に参加したカズオくんはその後、5年生、6年生の時期もビバークで過ごしました。バドミントンも得意でしたが、映画とプラモデル作りも大好きな子どもです。さらに、その頃始めたジャグリング（ボールやクラブをお手玉のように操る曲芸）も少しずつうまくなっているようでした。

得意なことや好きなことがたくさんあるカズオくんですが、シャイで、必要なこと以外は話しません。ですが、みんなに影響を与えることが何度もありました。まずカズオくんの映画が好きということに巻き込まれて、子どもたちとの話し合いで、映画鑑賞会なるものが立ち上がったのです。カズオくんのためと思ったかどうかわかりませんが、ヨシオくんが中心になって映画鑑賞会を立ち上げたのです。２００4年から、20歳を過ぎているヨシオくんはビバークのスタッフになっていました。スタッフとしてのヨシオくんが尽力して月一回程度映画館に行き、それぞれ好きな映画を観るということが起き、それが3、4カ月継続したのです。

そんなカズオくんの小学生の時期が終わろうとしていました。中学入学が近づいたある日、「中学どうしようかなー」とこぼしたことがあります。私は「とりあえず中学校に行ってみたらいいんじゃない？　自分の目で確かめて、行きたいところであれば行けばいいし、行きたくないと思えば、そのときやめたらいいいんじゃないの」と応えました。彼は中学校に様子を見に行き、やはり、行かないことに決めたようです。

その頃、佐賀市教育委員会が、不登校児童・生徒の家庭に「家庭サポート相談員」を派遣する制度を始めました。不登校児と保護者を社会から孤立させないことが目的で、そのために関わる人を「サポート相談員」と呼んでいました。

ある日佐賀市青少年センターの体育館でバドミントンをしていると、突然、サポート相談員の方がカズオくんを訪ねて来られます。「カズオくんに会わせてください」と言われて私はびっくりして、本人に「どうする？　会える？」と聞いたところ、「会いたくない」と言いました。

「カズオくんは元気でここに居ますが、本人が会いたくないと言っています」と私はそのまま伝えました。サポート相談員の方はカズオくんがここに居ることが確認できればよかったのか、わりとすんなり帰って行かれました。

サポート相談員のことをきっかけに、私はカズオくんに、学校の先生との関係も聞いてみることにしました。それまで私たちは、彼の家庭での様子がよくわかっていませんでした。佐賀市内にはその当時3つの不登校の親の会があり、カズオくんの親御さんは、「ほっとケーキ」とは別の親の会に参加していらっしゃったからです。

「中学校の先生の家庭訪問もあるでしょう?」

尋ねてみると、彼は「先生が来られても、嫌なときは会わないようにしている」と、家庭でも自分を守って先生にも応対しているようでした。

カズオくんは自分で「学校に行かない」と決めたものの、周りの子どもたちのほとんどが学校に通っている現実の中で、とまどったのではないでしょうか。幸い、同じ家族の中に不登校の兄タイチくんが居たことや、お母さんが親の会に繋がられていたことで、家族からの受け入れは早かったものと推測されます。不登校のカズオくんを受け入る家庭であったことで、自分の好きなプラモデル作りや映画を観に行くことができたのではないか、と私は考えました。兄のタイチくんが体育館でのバドミントンの様子を楽しそうに話すのを聞いて、「バドミントンなら自分にもできる」という思いで、出かけてきたのでしょう。そんな土台の上で、カズオくんはビバークという「場」で、仲間と共に過ごす「環境」を得て、「自分らしさ」や「自分流」「自分なり」という具体的なものを手にしていけたのではないだろうか。

そうはいっても、学校に行かなくなったときも、自分の考えをしっかり持っていたカズオくんですから、ビバークだけが彼を彼にしていったわけではないとも考えています。こうしたからこうなったというような客観的な因果関係があるというより、本人がどう解釈すると腑に落ちて、次に進む力を得られるか、といった面もあるのではないでしょうか。ここまで書いてきたビバークの子どもたちのことも、今の時点の私がそのように解釈しているだけで、本当のところはわからないのです。わからないことはわからないままに抱える勇気も必要なのだと考えるようになりました。

3　ハッピービバークの別邸の始まり

「『ハッピービバーク』が狭くて困っているのよ……」

木枯らしの吹く頃、市の女性職員の方とビバーク近くでばったり会ったとき、言うともなしに言いました。なにせ神野公園近くの広い家から、元焼き鳥屋のトタン張りの一間しかない小屋に引っ越したのです。小屋の横に設置されていたのは、昔ながらの「ボットン便所」。怖くて使えない子もいて、近所のスーパーのトイレまで連れて行っていました。そこで補助金の申請をして水洗式トイレを設置するなど、工夫して使わざるを得ない状態でした。いろいろと不便な状況の居場所だったこともあり、思っていたことがつい口に出たのです。

すると、「そこに私の住まいと倉庫にしている家があるから、倉庫にしているほうを使っていいよ」と思いがけない言葉が返ってきました。指差すほうを見ると、ビバークのすぐ斜め真後ろに同じ家が2軒並んでいます。

「えっ！　いいんですか」即座に答えていました。仕事上で知り合ったので、お住まいがどこかなどプライベートなことは初耳です。驚きを隠せないまま、さっそく見せてもらうことにしました。

2軒の家は、玄関が北向きに並んでいます。彼女は東側の家が自宅だと、ビバークに近いほうの西側の家の玄関のカギを持ってきました。ガチャ！　と玄関を開けて中に入る彼女の後に続きます。降って湧いたような話に胸を高鳴らせて、私も玄関を入りました。玄関には庭仕事に必要な小道具やすぐには必要ないものや瓶詰類などが整然と片づけて置いてあります。入ってすぐのところは右側がお手洗いで、左側が台所でした。どちらも流しや便器はありません。倉庫だから必要ないのです。水道も出ません。それでもビバークとしては空間があればいいわけです。箪笥の置いてある小さな部屋を通りぬけて進むと、6畳と8畳ぐらいの部屋が南を向いて並んでいました。西側奥の部屋には、なんとグランドピアノがドーンと、一部屋ふさぐ勢いで置いてあるではありませんか！　ピアノ、しかも一般家庭にあるようなアップライトではなく、グランドピアノがある家。私の好みにぴったりです。どうやら私の中には、ピアノへの憧れのようなものがあるのだな、と再認識しました。

そんな私の内にある憧れや好みはさておき、私が仰天していると、「娘が使っていたの。調律はしてないけど、使っていいよ」と笑顔で、さらっと言われます。私は飛び上がるぐらい嬉しくて、次のビバークの日、早速子どもたちと一緒に「倉庫」の掃除に取り掛かりました。

掃除が終わりに近づいた頃、庭に立っている大きな木を見ながら、「この木なんて名前の木？」と聞いてくる子がいます。木肌の様子から、「これは、栗の木だと思うよ」と答えました。すると、ある子どもが、「ここはマロンケーキって名前がいいんじゃない？　栗の木があるから！　『ほっとケーキ』と同じケーキだよ」と言ってきたのです。

「栗の木があるからマロンケーキかあー、いいよね。みんなどう思う？」と私が聞くと、掃除をしていたスタッフも手を休め、「いいねー、マロンケーキ、いいじゃない！」と答えたのでした。

「マロンケーキで決まり！」

そこここから拍手や歓声が湧き起こりました。新たな場所の名前も決まり、掃除の時間がとても楽しい時間となったのです。

第8章　「少年」と出会い直す

1　京都医療少年院からの打診

事件がきっかけで生まれた「居場所」が実現され、無我夢中の数年が過ぎていきました。事件から5年になろうとする頃、バスを乗っ取った「少年」が収監されている京都医療少年院（以下、京医少）から連絡がありました。「少年」の担当教官からの手紙です。内容は、「少年」との面会の打診でした。私は加害少年と会いたいと思っていたので、その申し出をお受けしました。

結論を先に言うと、「少年」とは3回会いました。その年、つまり2005年4月下旬、6月、8月の3回です。17歳だった「少年」は、22歳になっていました。

医療少年院では教育の一環として、「少年」にバスジャック事件の記事を読ませていたようです。のちに「少年」から初めて来た手紙には、「記事を読んで、多くの被害者の皆様の苦しみを知りました」と書いてありました。被害者に向き合わせる教育がなされていたのです。

そんな「少年」との面会でした。

面会が実現するまで

２００４年12月、私は「少年」と「少年」の両親と示談書を交わしています。そのとき示談書の中に、「『少年』が会ってくれるなら、私は会いたい」という一文を入れてもらいました。ですが、まさか、彼が在院中に会えるとは思っていませんでした。示談書の文言は、「少年」が出院したら会いたいから、両親にはそれを覚えていてほしい、と思ってのことだったのです。

「少年」の担当教官から手紙が来たのは、示談書を交わした翌月でした。示談書に「会いたい」とあるのを知ったことで、京医少が私に手紙を寄こしたのかどうかは、聞いていません。

当時、京都医療少年院でトップをつとめていた指宿《いぶすき》照久院長は、京都大学を出た医師で、耳鼻科を専門とされて音楽療法などをなさってきた方です。１９９６年から同医療少年院院長になられ、かれこれ院長歴10年近くになろうという方でした。

指宿院長は、私が事件の年に呼ばれた参議院法務委員会でお話を聴いて涙が止まらなくなった武るり子さんとも旧知のご関係のようでした。

私が関西方面に呼ばれて公の場で話す機会があると、密かに院長は京医少の教官を行かせたり、自ら足を運んでくださっていたそうで、それも一度ではなかったようです。私の話を聴き、被害者である私の気持ちと、今の「少年」の更生の様子とを総合的にみて、面会させる決断をされたのでしょう。いっとき私は人前で話すことが嫌になって、やめていた時期がありました。ですが、私の講演がこんな形で聴かれて、私の「会いたい」気持ちの実現の一助になっていたのです。

指宿院長はそれ以前にも、加害少年と被害者遺族の方とを向き合わせてこられた方です。加害少年と被害者またはそのご遺族の方、それぞれにとってタイミングが合ったときに向き合わせることで、それぞれに変化が現れる経験をされていました。

私は「被害者の視点に立った教育」に協力して講話をしていますが、「被害者の視点に立った教育」は、「しょく罪教育」と呼びならわされてきたと聞き及んでいます。そのテーマで院長は、「罪を犯した少年を、被害者とどう向き合わせるか」について書かれています。

以下に紹介する院長の文に出てくるケースは、17歳の少年が、リンチによって被害者を傷害致死で死なせてしまった事件です。被害者の三回忌といいますから、亡くなって丸2年経ったときに、加害者の少年を被害者遺族のところに謝罪に行かせたようでした。

指宿院長がこの論考に出てくる加害少年を謝罪に行かせたのは、2000年9月。バスジャックを起こした「少年」が家庭裁判所の審判で医療少年院送致と決まったのは、奇しくも同じ月の終盤、29日のことでした。私がまだリハビリをしていた頃、指宿院長はご自身の職務をこのような形で遂行していらっしゃったのです。

しょく罪の実践例

京都医療少年院院長　指宿照久

本稿では、少年矯正に対して社会から強く要請されるようになった「被害とどう向き合わせるか」について述べてみたいと思います。

社会内処遇ではうまく立ち直れなかった少年を、一旦社会や家庭から切り離して、単純な条件下で自分と向き合わせて、過去の非行を清算させるというのが、施設内処遇の理念です。

非行の清算をする為には、その時の状況と直面しなければなりません。少年にとってはつらい体験です。心情不安定になる可能性があります。また、例えば「やらなければ、自分の方がやられていた」というように自分勝手な論理で合理化していることがよくあります。本来、ちゃんと反省する為には、これらの点をクリアしていなければなりません。ところが少年の社会復帰を急ぐばかりに、この難題（しかし本質的な部分）を先送りしてしまっているのではないかという疑念を社会からつきつけられてしまったのが、少年院における矯正教育の現状だと思います。

このような問題意識から、当院では昨年（平成12年＝２０００年）九月に、三回忌にあわせて被害者宅へお参りに行かせた事例があったので、ご紹介します。

非行時17歳のB少年は、暴走族内で同年齢のC少年を、「約束を守らなかった」と責め、他の7人と一緒に暴行を加えて、リンチ殺人（傷害致死事件）をおこしました。

彼は、はじめから深く反省していたので、裁判官は審判決定書の中で逆送しない理由を述べました。①生活が荒れたのは高校入学後であって、非行歴が浅い。②謝罪の意志がはっきり認められるので、刑罰を与えるよりは、少年院の矯正教育がそれを深化・定着させてくれることを期待する、というものでした。

Ｂ少年は中等少年院送致となり、職業訓練の為にＮ少年院に入院（処遇期間は二年）。約一年半を経過した所で下部消化管より大出血をおこして当院へ移送されました。

Ｂ少年がＮ少年院にいる間に、被害者・加害者双方は示談書をとりかわすところまで行きました。面会時父親が「これでいいか？」とＢ少年に提示し、本人が同意した文案の写しが少年簿に編綴されています。それによると金銭条項の他に、「十年間程は、最低年一回お参り又は墓参をする」という項目がありました。我々はそこに注目しました。この件は民事係争中でない、先方が来訪を拒否しないと推測できるという好条件があるのだから、謝りに行かそうということです。仮出院の一カ月前でしたが、三回忌という重い節目であることと、おそらく一番気の重い初回を我々が後押しして手助けをすることが彼の今後を規定すると考えたのです。

そこでＢ少年の父親を介してＣ少年の遺族の了解をとりつけ、担当保護司を含む関係諸機関と調整し、三回忌の当日（たまたま日曜日でした）自動車でＴ市に被害者宅まで片道三時間かけて、日帰りで外出させせました。

父親と保護司は現地で合流して、被害者宅へ往訪。Ｃ少年の三回忌法要が終わり、二十名ほどの遺族が会食中でした。佛檀へお参りをすませてから、Ｂ少年は5日間の内省処遇で考えてきた謝罪のことばを、Ｃ少年の父親を中心とする遺族の主だった方々に伝えました。大意は「命を奪うようなことをしてしまい、本当に申し訳ない。いかに謝罪しても償い切れないが、これからの人生を二人分だと思って、精一杯生き、償っていく」ということでした。これに対し、Ｃ少年の父は「こちらからは何も言うことはない」と素っけ無く、母は姿を見せませんでした。（心中をおもんぱかれば当然でしょう。）しかし、囲りの親族からは「謝りに来たことは評価する」「まだ若いのだからこれからが大事だ」などの温かい言葉も聞かれ、少なくともどなられるような事はありませんでした。（帰院後のB少年の感想文では、殴られることまで覚悟していたとあり、こちらがびっくりしました。少年達はしばしば教官の思惑を超えるものです。）本人が一番こたえたのは、C少年の祖母から「まわりでまだ悪いことをしている友人がいたら、殴ってでも止めてやれ。それができる立派な人になってほしい」と言われたことで、後は泪々だったようです。その後B少年側だけで墓参をして、午後四時半に帰院しました。

B少年は、一カ月後に仮退院し、本年四月に六カ月間の保護観察を成績優秀で終了しています。この事例から、謝罪を実行することが、被害者側のグリーフワークにもなるということをも学ぶべきだと思っています。

（大阪　家庭「少年」友の会　平成13年9月1日）

指宿院長が送ってくださった冊子のコピーを読むまで、私は、どうして収監されている「少年」（当時はもう少年ではなく青年になっていましたが）と被害者が面会できるのか、不思議でした。それは、少年院では収監されている少年と被害者の面会はないと、考えていたからです。ですが、面会が「少年」の更生にも役に立つだけでなく、被害者である私の癒しにも繋げたい、とのお考えを持った院長先生だったから、収監中の「少年」との面会が可能になったのだと気づきました。

2　渡辺位《たかし》先生を迎えて

「少年」に会うために京都に行く日まで2、3カ月ありました。その時期に、「少年」の面会とはまったく関係ないこととして、精神科医の渡辺位先生を「親の会」で招きました。いつも誰をゲストスピーカーとして呼ぶかはスタッフ皆で話し合って決めていて、このときもスタッフの発案を元に渡辺位先生を呼ぶことになりました。先生は以前、千葉県市川にある国立精神・神経センター国府台《こうのだい》病院精神科医長をされており、児童精神医療に従事してきた方です。

先生ご本人によれば、国府台病院は、戦時中は陸軍病院だったそうです。戦場に行った兵士で戦争神経症になったり、銃弾を受けて神経系を侵されたりした方たちの精神神経系の治療をする病院でした。渡辺先生が、不登校のことを戦争神経症になぞらえて別のところで講演された記録で、こんなことをおっしゃっています。

戦争に行けば命をかけて戦うことが至上命令です。「大日本帝国の臣民」というタテマエを果たさなければならない。しかし、人間は命ある生き物で、長生きしたいとか、家族と別れたくないとか、いろいろな感情がある。でも、国のタテマエに合わせなければ、この国の国民として生きていかれないという義務感との分かれ道のなかで、葛藤が起きれば、神経症が起こるわけですね。

登校拒否・不登校と関わりはじめて、ふと気がついたのは、この戦争神経症の話でした。恥ずかしい話ですが、私は当初、社会の常識とかタテマエといった尺度で不登校状態にある子どもたちを診ていて、子どもが学校に行かれるようにすることが治療だと思っていました。ですから、その原因として脳の働きのどこかに異常があるのではと思って脳波をとってみたり、心理テストをやらせてみたり……いま思えば、どうしてそういうふうにしか考えられなかったのかと思いますが、実際、そういうことをしていました。

しかし、登校拒否と考えられる多くの子どもたちと接しているうちに、これは戦争神経症と同じようなことではないかと思いはじめたんです。神経症になったら、戦場では戦えない。そのために命だけは救われる。自分でそうしようと思うより、意識下の生き物としての命の声がその人にそういう行動をとらせている。表面の意識では一生懸命戦って「天皇陛下のために死のう」と思っていても、命としてはそうさせなかったわけです。

そこで、子どもだって生き物なんだから命があるんだと、当たり前のことに改めて気づいたんです。子どもにとって、学校との関係で、そういう事態が起こるのだとすれば、学校とは何なのか。学校の日常が戦争といっしょとまでは言わなくても、どこか生き物としての子どもがその子どもであろうとするのを脅かすような場所なのではないか。もしそうであれば、戦争神経症と同じようなことが起きてもおかしくないのではないか。

そんな渡辺先生が２００５年３月12日、13日、佐賀に来てくださいました。「渡辺位氏を囲んで」

と銘打って、赤い羽根共同募金の助成金によって遠くから先生をお呼びできました。先生はこのとき75歳で、すでに国府台病院を退官なさっていました。一晩佐賀に泊まっていただき、翌13日日曜日の午前中は保護者相談会の形式にしました。

一週間ほど経って、渡辺先生からお手紙が来ました。達筆なのか下手なのかわからない渡辺先生独特の文字がおどっていました。

二日間、しっかりと、おつきあいいただけ、その折、お集りの方々との心のこもった関わり、久々に人の間にある充実感にひたることが出来ました。十三日午前中にお目にかかった方の中で唯一の男性、たしか女の子のお父さんと覚えていますが、「子どもの幸せ」について、繰り返されていました。時間が迫り、そのままに終わりましたが、もし、また、お会いになられましたら、子どもにとっての最上の幸せは、安心して心を託せる大人(親)との出会いで、それは、大人が、子どもを「どうする」ではなくて、当の子どもの気持ちを気持ちとしてくれる大人である事につきると思います故、お伝えいただければと思います。

先生の誠実さが伝わるお手紙です。我々の親の会のありように、なんとすてきなお褒めの言葉を頂いたと思い、とても嬉しくなりました。そして、一期一会で会ったにすぎない女の子のお父さんに対して伝えきれなかったことを、伝えたいと心にかけておられました。残念ながら、こちらではその方の連絡先がわかりません。その後、あちらが連絡をしてこられなかったので、お伝えする機会はありませんでした。

「子どもの気持ちを気持ちとする」

渡辺先生のこの言葉は、実行することがとても難しいものです。親や大人は子どものことを思うゆえに、子どもに「よかれ」という「善意」で動いてしまう場合が多いからです。それゆえ、簡単そうでいて、難しいのです。親の善意は、社会や世間の価値観に合わせた「社会的な文脈」での「よかれ」が多いものです。ですが、渡辺先生が伝えたかったことは、子どもが何か言ったときには、「あなたはそう思うのね」と、まずは「子どもの気持ちを気持ちとして」受け入れることでしょう。子どもの「自律的文脈」に沿って、受け入れることなのです。

親の会に参加されて間もない頃の親は、親である自分の「社会的文脈」での不安な気持ちを抱え子どもの将来が気になっています。それゆえ、「子どもの気持ち」でなく、その親自身の気持ちを優先してしまう傾向にあると、経験的に思います。

渡辺位先生は、佐賀に来てくださってから4年後に心筋梗塞で亡くなられました。先生の死後、ＮＰＯ法人全国不登校新聞社が月２回出している新聞「フォンテ」に「渡辺位さんの言葉」という連載コーナーがあり、２０１４年5月1日号に、ある親御さんの手記が載っていました。

「学校に行ってほしい気持ちはありながらも、『学校に行かなくていいよ』と子どもに言っている状況にあったが、渡辺さんに『大事なのは子どもを理解することじゃない。自分を知ること。どういう自分が相手（子ども）を理解しようとしているか。一番大事なのは自分を知ること』と言っていただいたことで、子どもを不安にさせていたのは自分だったと自分を知ることができ、子どもに寄り添うことができた」とありました。

私も同じでした。娘には「行かなくていい」という素振りを見せながら、心の底では「行ってほしい」と願っているのです。「自分を知る」とは、そんな本音と建前を持っている自分を自覚せよ、ということなのでしょう。

渡辺先生からいただいた手紙にある「大人が、子どもを『どうする』ではなくて、当の子どもの気持ちを気持ちとしてくれる大人である事につきると思います」を、噛みしめました。

3　少年との面会

新緑の2005年4月下旬、私は京都に向かう新幹線の中でした。面会の打診に「受ける」と返答してからその日までの間、何度か担当教官の方が佐賀まで足を運び、「少年」の様子を私に伝えに来てくださいました。

新幹線の中で私は、「会ったら『少年』に何を話そうか」と考えたり、「彼の両親もこうやって何度も向かわれているのだなあ」と感慨にふけったり、他にもさまざまなことが頭の中をよぎっていきました。そのうち考えるのにも疲れて、ボーっと車窓を眺めて揺られながら東に向かって行きました。

京都駅に着くと教官の方が車で迎えに来られていて、その車で、宇治市にある面会先の京医少へと向かいました。

到着するとまず院長室に通され、迎えてくださった指宿院長が、温かい労いの言葉をかけてくださいました。しばらくして院長室の広いテーブルに昼食の準備がされ、院長先生や他の職員の方々と一緒にお弁当をいただきました。

少しゆっくりした後、そろそろ面会をという空気になり、面会の行われる部屋へと案内されました。面会の部屋では、「少年」に関わっている7～8人の教官の方が先に待っておられました。私は挨拶をして中に入り、そこで教官の方たちと一緒に、「少年」が来るのを待ちました。別の教官に付き添われて「少年」が入ってきました。事件のバスの中で見た、あの、か細かった「少年」は、見違えるほど体格の良い青年に成長していました。私は驚きと共にその姿に見入ってしまいました。５年の歳月は、確実に流れていました。

「少年」は、「大変なことをして申し訳ありません」と言いながら深々と頭《こうべ》を垂れ、謝ってくれました。

謝罪ということ

「それは、本当に、心からのものだったのですか?」

そのときのことを人に話すと、疑念を抱いて訊いて来られる方がいます。ですが、謝るという行為が本当に衷心《ちゅうしん》から出たものか、ただ形だけのものか、それは、わかるものです。

私はそれを、心からの謝罪だ、と感じました。

教官が「少年」のそばにある椅子を勧めてくれたので、私はぎこちなく座り、思わず彼の背中に手をやり、さすっていました。さすりながら、「これまで誰にも理解されず、つらかったね……」と声をかけました。そして、「だけど、あなたの罪を赦したわけではない。赦すのはこれからです。これからの生き方を見ているから……」と伝えました。彼の背中をさする自分の手のひらから、彼のこれまでのつらさが彼の体温とともに伝わってきたようで、涙が溢れてきました。私が彼に伝えたかったのは、「つらかったね……」それだけでした。

休憩を挟んで2時間余りの面会でした。頭の中が真っ白になってしまい、何を話したのかよく覚えていません。

その後、教官の方が院内を案内されました。医療少年院なので、精神科のお医者さんもいらっしゃるとのことです。木々に囲まれた院内の通路を歩きながら、「少年」が日々過ごしている場所で、「少年」と同じ空気を吸い、「少年」がこのような丁寧で落ち着いた教官の方々と関係を創っていると思うと、私はとても安心しました。それは、人が生きていくとき、どんなところで、どんな大人と、どのように関係を創って暮らしていくのかということが、人が育っていく上でとても大事なことだと思っているからです。

帰りの時間が近づいた頃、私は、「少年」が出院した後のことを考えて、医療少年院の先生方に、「親と話してください。親に変わってもらってください。彼が戻っていくのは親のところなのですから」とお願いをしました。

京都に面会に行ったことで私は、面会に行く前には考えてもいなかった「謝ってもらう」ことの重要性に気づかせてもらいました。「少年」から謝ってもらったとき、びっくりしながらも嬉しかったのを覚えています。

指宿院長が「謝罪は、被害者側のグリーフワークになる」と書いておられることは本当だ、と感じました。グリーフワークというのは、「喪の作業」と訳されたりしますが、取り返すことのできないものをなくした世界を再構築する、というような意味でしょう。心からの「謝罪」が被害者側のグリーフワークの一助になるということに、私自身の経験からは賛同できます。ですがそれは、「心から」の謝罪であって、心がともなわない、マニュアルによる謝罪では、逆効果になることもあると思います。

また、他の少年院での講話の中で私は『少年』から謝ってもらったのが嬉しかった」と話していますが、「僕は謝りたいけど、弁護士から謝るなと言われるので、どうしていいのかわからないのですが……」という質問を受けたことがあります。たしかに被害者側にその準備ができていないときというのはあるかもしれません。

佐賀に戻って間もなく、「少年」から手紙が届きました。

山口さんと会い、申し訳ない思いを伝えた時、山口さんは泣かれました。私のことを思って泣いてくれました。私はそのとき、自分の罪深さと温かい思いが同時に湧き起こりました。

と書いてありました。その言葉が嘘のないものだ、と思えたことで、「私との面会は彼の心に響くものであったのだ」と実感できました。

4 「ハッピービバーク」は治療の場ではない

5月のお天気のよい日です。私が京都で「少年」に第一回目の面会をした、すぐ後のことでした。もちろん周りの誰も「面会」のことを知りません。

ある精神科の病院から紹介されたと言って、A市から不登校になっている17歳のミノルくんが「ビバーク」を訪ねてきました。

遠くから来るミノルくんには場所がわからないだろうと思ったので、佐賀駅まで迎えに行くことにしました。多くの子は初対面のときには躊躇なのか遠慮なのか、黙っていることが多いのですが、ミノルくんは車の中で自分のことを話し始めました。ビバークに着けば着いたであまり躊躇もしないで部屋に入り、車の中の延長で、再び私に話し始めました。

小学校高学年の頃から学校へは行きたくなかったけれども、中学校・高校と頑張って登校したことや、中学生の頃に両親の離婚もあり、とても苦しかったことなどをポツリポツリとではありますが、自分なりに整理して話してくれたのです。ミノルくんはこれまで頑張ってきたことで高校1年のとき倒れてしまい、入院となったそうです。

彼が話し続けている間、ビバークには、子どもやスタッフ合わせて10名ぐらいが居て、みな静かにカードゲームやテレビゲームで遊んでいました。ビバークは狭い場所です。新しい仲間が来たことで、興味もあったのでしょう、そこに居たスタッフや子どもたちは遊びながら聞くともなく、あるいは、いわゆる俗にいう「耳がダンボ」になって聞いていたと思います。

ミノルくんは話の様子から、病院の治療に少し飽きているようでした。そして病院からの紹介ということもあって、「治療の延長としてここに来た」と言いました。私は慌てて「ここは治療の場ではないのよ。ここは自分が自分らしく居られるところで、スタッフが何かしてあげるところではないのよ」と伝えました。少し強い調子だったと記憶しています。するとミノルくんは納得した表情で、「実はここに来て、とてもゆっくりした気分になりました。それに、ここではしゃべってもしゃべらなくてもいい場所なんだと思いました」と言ったのです。私はミノルくんが病院で「話さなければいけない」と思って話していたのだろうと感じました。

「相談者の側は『どう話せばこの人に喜ばれるだろう、どういう自分になれば気に入られるだろう』と、どこかで配慮していることが多いものだ」

臨床心理学者の小沢牧子さんが書いておられました。小沢さんには親の会「ほっとケーキ」で渡辺位先生をお呼びした2カ月前の1月に講演をお願いしていました。「不登校・ひきこもりの専門家依存」という演題です。講演をきっかけに読んだ小沢さんの本に、カウンセラー・医師などの援助者とクライアント・患者との関係性のことが書かれていたのを自然に思い起したのです。

ミノルくんは、「話さなければならない」病院でのあり方に嫌気がさしていたとしても、もちろん、入院したおかげで、ビバークに来ることができるぐらい元気になりました。時間の経過とともに病院側は、段階的に対応を変えなければいけないと考えて、それでビバークを紹介してくれたのでしょう。

何度か来るうちにミノルくんは、どんどん自分の心と身体を開いていきました。そして、自分が書いた詩を持って来て、私に見せてくれるようになりました。

その年の夏のことです。希望を募って、唐津まで海水浴に出かけました。ミノルくんも一緒です。浜辺に着くなり、水着に着替えて海に入っていく子や、持ってきたおやつや飲み物を口にする子、それぞれがやりたいことを始めています。ミノルくんは私の横に立って海を眺めながら、「夢みたいだ。こんなときが来るなんて、考えてもみなかった！」と感慨深げに言いました。そんな言葉を言えるようになった彼に対して、「ミノルくんは大丈夫」という思いが、根拠はないのに私の内側から突き上げてきて、目の前に広がる海を見ながら、胸が熱くなりました。

5　2回目、3回目の「少年」との面会

一回目の「少年」との面会の後、塚本先生が亡くなって5年経った5月3日を挟んで、2回目の面会が行われました。場所は福岡でした。

こんな経験をしている私は、稀なケースかもしれません。加害者の少年と被害者とが会うことは、ほとんどないことです。京医少の「少年」の教官の方は、「院長先生は自分のクビをかけて、面会を実現させました」と漏らされました。そこには指宿院長への誇りと敬意がこもっているようでした。

面会の意味

2回目のときは、京医少の教官の方が、「少年」と私、二人だけで会う時間をつくってくださいま

した。初めての面会のときはズラリと教官の方々がおられたので、大変緊張しました。それに比べるとこのときは、私も「少年」も前回よりリラックスできていたと思います。「少年」は、自分の胸中にある本心を話してくれました。彼が私にだけは言えると思って言ってくれたであろう内容なので、公開はしません。ですが、私は「少年」から信頼してもらったと感じて、嬉しく思いました。そして、「どうして事件を起こしてしまったのか考えてほしい。今度会うとき、話せることがあれば教えてね」とお願いしました。

３回目は、「少年」が事件で亡くなられた塚本先生のお墓参りをした後に、私たちの「居場所」である元焼き鳥屋の小屋で、会いました。８月の暑い盛りでした。「少年」は、心が乱れてしまってひどく落ち込んでおり、話すことができないほどでした。

「ここに眠っている方を、自分は殺めてしまった」という感情がお墓参りをしたことで、湧き起こったのだろうと思います。人として当然の感情の揺れです。彼は、私が事件を起こした理由を教えてほしいとお願いしたのでそれを話そうとしましたが、言葉が途切れてしまいました。

「無理せんでいいよ」と。そして、そのまま何も聴かずに、何も話さないまま「少年」と別れました。

同じ年の秋、「元『少年』と被害者が面会」という見出しで、私が「少年」と面会したことが新聞で報道されました。記事を書いたのはビバークにときどき顔を出したり、引っ越しを手伝いに来てくれたりした、不登校経験のあるあの記者でした。佐賀支局勤務から首都圏に転勤していました。左頰から右の唇までに、サーっと刃物の傷跡のある私の写真も掲載されています。

この記事は、私が佐賀県庁で記者会見を開いたことで出たものでした。記者会見のアイディアをくれたのも彼です。

「少年」と面会をする過程で、「少年」の出院が遠くない将来であることは肌で感じていました。社会に戻ることを思うと、前年、神戸事件の加害少年が出院するとき、報道が過熱したことがひっかかります。同じ過熱報道に「少年」を巻き込みたくない。それを防ぐために、被害者である私が「少年」と面会していることを、報道の方々に発表しようと考えました。

まずは京医少の教官に電話をかけることにしました。私が一度ならず「少年」と面会したことを公表していいか、お聞きするためです。

「もちろん、いいですよ！」

担当教官は快く応えてくださいました。そして電話の向こうで、面会の発表を私が相談していることを知った他の教官の方々が、「バンザーイ！」と叫んでいる、と伝えてくださいました。「クビをかけた」指宿院長だけでなく、「少年」の更生のために、私との面会が役に立ち、私の癒しにも繋がるかもしれないと信念を持ちながらも、世間の常識を吟味したりデリケートな判断を重ねながら、真摯にお仕事をなさってきた方々です。私がそのお仕事を肯定的に受け入れていることを、心から喜んでいるバンザイだったのでしょう。

一番の関係先である京医少がオッケーを出してくれたので、面会を公表できる準備は整いました。ですが、一々報道機関を回って伝えるのは無理なことです。そのとき、記者会見を開けばいいということを聞いたのでした。

こうして２００５年11月、佐賀城のお堀に面した県庁にある記者室で会見を開きました。そこで私は、集まってくださった報道関係の方々に「少年」との面会の様子を話しました。話が済んでいくつか質問をされた後で、私は皆さんにお願いをしました。

「少年が出院するときは、報道を控えてほしい。静かに社会に迎えてください」

記者会見を提案してくれた記者の記事には、私の面会の経緯の他に、猪一郎さんのコメントや日本被害者学会理事の諸澤英道常磐大大学院教授のコメントなども載りました。私の「少年」との面会が私個人の目線からだけではない形で、どう位置づけられるかがわかります。この記事で、猪一郎さんのことは、こう書かれていました。

事件で亡くなった塚本達子さん（当時68）の長男、猪一郎さん（49）の元には8月、男性側の弁護士から「謝罪と更生のため、男性と会っていただけませんか」と電話が入った。

「事故死だった」と自分に言い聞かせ、必死に保ってきた心の平穏が乱されると思った。「墓参りだけはしてください。母は僕より寛容だから許してくれるかもしれない」。猪一郎さんは面会を断り、こう返事した。

２年前なら、京医少からの打診先は夫の塚本平さんだったでしょう。平さんが亡くなり、塚本家の遺族の代表は、猪一郎さんになっていたのです。

法務省矯正局のコメントとして、「殺人のような重大事件では、双方が会うのは、極めて異例」、また、先述の被害者学会理事諸澤英道先生は、「加害少年を別の事件の被害者に会わせ、話を聞かせる動きはあるが、自分の被害者と面会するのは珍しい。抽象的な被害者像を抱くのではなく、事件の重みを具体的に知ることで更生への一歩になるはずだ」とコメントされていました。

6 「少年」の出院

私が「少年」に3回面会した2005年が暮れ、2006年が明けました。1月に「少年」は京医少を仮出院し、3カ月の保護観察処分を経て社会復帰した、と報道されました。少年院の収容期間は原則2年までと聞いています。それが「神戸事件」などを受けて、特別処遇課程というものが導入され、「少年」も5年にわたって収監されてきました。彼は、23歳になっていました。

秋の県庁での記者会見で、私は「少年が出院するときは、報道を控えてほしい。静かに社会に迎えてください」と記者の皆さんにお願いしました。しかし、その私のお願いを聞き入れてくださったのは朝日新聞社と毎日新聞社だけでした。他の新聞社の記者は当日、私の家まで取材に来られた方もいました。私は「お断りしたでしょ」と言って、受けませんでした。それでも、全国紙の2社が私のようなもののお願いを聞いてくださったことは、とてもありがたいことでした。

「少年」からの手紙

出院した「少年」から弁護士を通して手紙が来たのは、8月のお盆過ぎでした。そこには、「こういう理由で事件を起こしたと思う」と書いてありました。2回目の面会のときに教えてほしいと私がお願いしながら、3回目の面会の前に塚本先生のお墓に行った影響で話せなかったことなどを、彼は手紙に書いてきてくれたのです。

手紙には、たびたび「山口さんは私のために涙を流されました。そのことを忘れることはできません」と書かれていました。「自分が傷つけたというのに…」とも。罪を引き受けることに苦しんでいる様子が伝わってきました。

詳しい内容は、私宛の「少年」からの私信なので、書かないことをお許しいただきたいと思います。読んでいくと、「どうして事件を起こしてしまったのか考えてほしい。今度会うとき、話せることがあれば教えてね」と伝えた私との約束を彼が守ろうとして、きちんと考えてくれたことが伝わってきました。

以前の手紙に「心を開かねば」と書いてきた彼に対して、彼の被害者というだけでなく、一人の人間として私もまた心を開いて、自分のことをありのまま書いてみました。

9月に入り、少ししのぎやすい今日この頃です。
お手紙ありがとうございました。
院を出られて、半年以上がたちましたが、いかがお過ごしですか。
事件からも6年がたち、他の被害者の方々は忘れようとしていらっしゃるのかしら。（忘れられるものではないと思うのですが）

私はある意味、あなたのことが気がかりでなりません。

日々、どんな風に過ごしているのか、お父さん、お母さんとの関係は……自分とどう向き合っているのか、いろいろ考えると、会ってお話したくなります。

院におられる時、3回会いましたが、2回目の時、短い時間だったけど、本音を聞かせてもらって、とてもうれしく思いました。

人と人がつながるというのは、心を開いて、お互いに向き合う勇気が大切だと思います。

そして、つながることで、より強く生きていけると信じています。不登校の子ども達の居場所を続けていますが、子ども達との関係の中で、そう信じられるようになりました。

実は、私は、自分のことが好きでなく、肯定できないまま、大人になり、自信のない人間でした。でも塚本先生に出会い、先生から心を開いて関係をつくってもらい、「どんなあなたでもすてきだよ」というメッセージをたくさん、たくさんもらって、やっと、自分はこれでいいのだと(努力する自分もなまけようとする自分も含めて)思えるように変わっていけました。

ほとんどの人が自信なく、他人を気にしながら、生きていると思います。

あなたの人生もこれからです。過去があるからこそ、より深く学び、確実に歩んでいけると思います。

また、会って話したいですね。

お元気でお過ごしくださいませ。

山口由美子

7　「修復的司法」とは

「修復的司法」という言葉があります。英語の restorative justice の訳語で、回復的正義とか、修復的正義という訳もあるのですが、ここでは、「restorative justice の父」と呼ばれるハワード・ゼアの邦訳『修復的司法とは何か』にならって「修復的司法」としたいと思います。

私を、事件から1年も経たないうちに「アミティを学ぶ会」に招いてくださった坂上香さんは、1990年代半ばに、アメリカでの取材を通して、この restorative justice という言葉を知ったそうです。日本では2003年になってようやく『修復的司法とは何か』（1995年刊）が出版されて、徐々にその言葉が知られるようになりました。会代表の山下英三郎さんもそこから学んで、スクール・ソーシャルワーカーのお立場から「修復的対話」の勉強会などを開かれています。

事件後間もなくに「アミティ」の勉強会に呼ばれたときの私は、「修復的司法」という言葉も考え方も知りません。このようなお考えの方たちもいらっしゃるのだなぁと、他人事のように考えていました。その後、私の活動の本拠地は不登校の親や子どもたちにシフトしていきます。ですが、振り返ると、私の物事の捉え方の伏線として、修復的司法の考え方が流れていることに気がついたのです。しかも事件に遭って1年にもならない時期に出会っていたのか、と不思議な気持ちです。「アミティを学ぶ会」での出会いや体験は、自然な形でいつのまにか、私の中に住みついていきました。

その後、不登校という現象と、被害者という現象が私の中で繋がっていきました。

坂上さんは最近、私と出会うに至るご自分のことを、こんな風に語ってくださいました。

「(番組)ジャーニー・オブ・ホープ」の(制作の)とき、最初は加害者を殺したいほど憎しみを感じた人もいたし、最初から死刑という発想には行かない人もいました。実に色々な人がいましたが、皆さん、深く傷ついていることだけは確かでした。

それぞれの方法でその傷に向き合っておられましたが、一緒に時を過ごす中で、報道されてこなかったことや、被害者遺族の皆さんに、マスコミには見せないさまざまな事情や顔があることも知りました。また、同じような思いを抱く人々が集う場があることの重要性も感じました。また、死刑をなくしたところで、凶悪な犯罪がなくなるわけではないとも感じていて、廃止運動だけでは不十分だとも思っていました。

アミティを1995年から取材してきていたのは、そんな流れからでした。アミティにいる人たちは社会的には加害者と言われる人だったけれど、話を聞けば過去には被害者だったことが明白でした。しかし、彼らは実際には他者を傷つけてもいました。だから、被害者だったからといって、片づけて良いわけではないことも痛感しましたし、アミティでは被害と加害の両方に光を当てて対応し、それぞれが自らの加害に向き合うことも促されていることに感銘を受けました。

一連の番組を作る背景には、私自身がリンチの被害者だったことと、弟に対しては加害者だったことの両方が影響していると思います。暴力や犯罪を語るとき、被害者、加害者、その両者に常に目が向く自分がいました。

山口さんの有様は、まさにその両者を炙り出していて、衝撃であり、興奮しました。きっとアミティで行われているアプローチや、「修復的司法」についても興味を持ってもらえると思ったのだと思います。

私は講演会で話していくうちに、坂上さんがおっしゃっている「修復的司法」のことが気になっていきました。

「修復的司法の父」ハワード・ゼアは、「なぜ犯罪は、破壊的で、回復しにくいものなのか」を『修復的司法とは何か』の本の中に書いています。

ほとんどの人は、世界(あるいは、少なくとも私たちが住む世界)は秩序正しく予測可能で理解しうる場所である、と考えている。すべてが望み通りに起こるとは限らないが、少なくとも大方の出来事には答えを用意することはできるし、一般に予期すべきことは分かっている。そうでなければ、どうして安心感をもって暮らしていけようか。

犯罪は、私たちの生命の拠って立つ本質的な二つの前提を覆すものだから、破壊的なのである。つまり、世界は秩序正しく意義ある場所であるという信念と、個人の自律という信念、この二つの前提は人間の完全性(wholeness)にとって必要不可欠なものである。

またハワード・ゼアは、修復的司法の目標について、「第一の目標は、被害者のための回復と癒しでなければならない」としています。そして、「被害者と加害者の関係を癒すことは、修復的司法の第二の関心事でなければならない」と述べます。

事件の年に国会で少年法改正のとき出会った武るり子さんを思い出します。私と武さんとでは、私は被害者本人、武さんは被害者遺族、という立場の違いがあります。その違いがその後に受けた待遇の差になっているのか、私には判断しきれません。ですが、私は事件直後から入院した病院で手厚い看護を受け、多くの方の援助で話を聴いてもらう機会がありました。さらに、加害者の「少年」の両親や「少年」本人からも謝罪がありました。これは大変幸運なことで、多くの被害者の方にはそれがほとんどないのではないでしょうか。

被害者には、自分が体験した被害のことや気持ちや必要を、他者《ひと》に聴いてもらい受けとめてもらうという時間が必要です。私には、それがさまざまな形で与えられた後、「少年」との出会いが巡ってきたので、向き合うことができました。そして、被害体験を聴いてもらい、受けとめられたことが大切だったと気づいた時、不登校のことと、被害者であることとが、私の中で繋がっていきました。

ゼアは、こう言っています。

被害者のための癒しは、侵害を忘れたり過小評価したりすることができるとか、そうすべきだという意味ではなく、むしろ、回復の感覚、すなわちある程度の区切りを意味する。侵害された者

（被害者）は、再び人生に意味を見いだし、自分は安全でコントロールできるという感覚を持てるようにならなければならない。侵害した者（加害者）は自らを変えるような援護が必要になる。害悪を与えた者といえども、新たな生活を始める自由を与えられなければならない。癒しには、回復感と将来への希望が含まれている。

被害者（遺族）が「再び人生に意味を見出し、自分は安全でコントロールできるという感覚を持てるようにならなければならない」ことを説いた上で、さらに、加害者の癒しの必要にも踏み込んでいます。

ゼアと同様、私も、これまで「少年」と会ったことや、少年院などでの経験から、加害者は自分がどうして加害行為を行ったのかを考えてほしいと望んできました。坂上さんがおっしゃるように、加害者も加害行為に至る前は、被害体験のある方が多いので、自分の被害体験まで掘り下げて、向き合ってほしいと願っています。

被害者側と加害者側が、いきなり会いさえすればよいなどという乱暴なことを思っているわけではありません。

被害者の再生も、そして、加害者がかつての被害体験や自らの罪と向き合うことも、簡単ではありませんし、時間はかかるものです。それぞれが、それぞれの立場で、まず回復と癒しを通過してはじめて、双方が和解への道を歩めるのではないでしょうか。

ゼアは癒しについて、回復感だけではなく、「将来への希望」が含まれていると書いています。

第9章　事件から10年

1　「少年」への手紙

2009年1月、私は「少年」に手紙を書いています。ずっと気になっていましたが、ようやく書くことができたので、弁護士にお願いして送ってもらいました。


新年あけましておめでとうございます。

お元気でお過ごしのことと思います。

去年2月バレンタインデーの夜、家が全焼してしまい、引っ越し、後片づけなど大変でした。

8月2、3日には、「登校拒否・不登校を考える親の会　全国合宿」とフリースクールの子ども合宿を同時に、我々親の会「ほっとケーキ」がホスト役で嬉野の旅館で開きました。そして、家の再建です。

人生いろいろあります。でも、それが生きているということなのかも知れません。

今まで何度かお手紙を書こうと思いながら、以上のことに忙殺され、書けませんでした。

おぼえていますか。私があなたにお願いしたこと。自分のことを自分で考えてほしいと言ったことを。

考えることはとても苦しいことだと思います。でも、自分を大切に生きていく為には必要な作業だと私は思っています。

私に返したくなかったら、返さなくてもけっこうです。それは誰のためのものでもなく、あなた自身のためだからです。あなたのやったことは絶対やってはいけないことだけど、やらざるをえなかったあなたの気持ちを受け入れられたのは、私には同じように学校に行けなかった娘がいたからです。

世の中には、いじめられる側にも問題があると言う人もいますが、私は、いじめられる子が悪いんじゃない、いじめる側の子に問題があると思っています。

いろんな本を読んだりしながら、深く考えて下さい。

そして、自分のことを本当に大切に思ってほしいです。

産まれて来なくてよかった人間は誰一人いません。

たまには、切られた傷は痛みます。特に冬は！

でもそれも仕方のないことです。

あなたが生きて、頑張っていると思えば、耐えられます。

まわりの方々との関係はどうですか？　よければ近況をお知らせください。

これ以上、手紙を書いてほしくないなら、そう伝えて下さい。よろしくお願いいたします。

追伸　最近世田谷に行った時、頂いた本がよかったので差し上げます。読んでください。

山口由美子

2　ときどきペースダウン

２０１０年５月３日。事件から丸10年が過ぎました。節目のときが近づくと、マスメディアの方からのアプローチが増えます。事件がきっかけでスタートした親の会「ほっとケーキ」や居場所「ハッピービバーク」、そして少年刑務所での講話も定期的に行っていました。何かの会や集まりに呼ばれて体験をお話しすることもあります。少し忙しすぎることもあって、すべてをリセットしたい気持ちが出てきました。私も還暦を迎える年齢になりました。勤め人なら定年退職をしてもいい頃です。

私は定年退職のつもりでしたが、個人的に音信のあった元京医少の院長指宿照久先生は、「ペースダウン」と受け取られたらしく、５月３日前後のマスメディアの取材等が落ち着いた頃に、励ましのお手紙をくださいました。

（前略）「忙しすぎたので、ペースダウンする」というのは、賀状で宣言されていた今年の方針通りですね。佐賀少刑で定期的に活動をしておられた由、ご苦労様でした（「です」でしょうか？）ご自分の現場を持ちながらですから、さぞや大変だったろうと思います。ゆっくり充電なさって、また心ゆくまでのご活躍となればいいなァと勝手に外野席は思っています（余人をもって代えがたい分野ですから）。私の方が何もしていないので全く説得力に欠けますが。（中略）社会活動の原点には使命感と義務感が混在します。なるべく前者の比率が高いコンディションで機嫌よくお働き下さい。そこが義務感の方が多い私との違いでしょうか。遠くからささやかな応援を続けています。せめてものお返しのつもりです。それだけのことをしていただきましたから。

ちょっと季節のご挨拶を申し上げました。

そんな言葉がちりばめられていました。私を傷つけた「少年」の収監先の院長がこの方でなければ、私も「少年」もずいぶん違って事件を捉え、事件後を生きたのではないか、と思います。事件に遭わなければ、世の中にこのような人が、このような職責で人生を歩まれていらっしゃるとは、知り得なかった大きな出会いでした。

10年を機に、もう、すべてをやめようかとも考えていましたが、指宿先生のお手紙を読んでいるうちに温かい気持ちになり、もう少し続けてみようかな、と思い直したことでした。

私は、「社会にもどって『少年』は今、どんな暮らしをしているのかしら、会って話してみたいな」と今でも思ってはいるのですが、実現できていません。

彼と面会したときは、「つらかったね！」としか言えませんでしたが、今もし彼に会えたなら、「当時、私は、こんなにつらい思いをした。痛く、苦しい思いをした」ということを伝えたい。そういうことも、彼にわかってほしいのです。「自分の犯した罪は、抱えてもらいたい」という願いもあります。面会したその後の彼の様子から、自分の罪を抱えつつ反省していると思っていますが……。

3　親の心を子どもは敏感に感じる

「ほっとケーキ」は、不登校やひきこもりを、子ども自身の生き方の問題として親たちが捉え直していくための話し合いの場になっている、と感じています。

私たち居場所のスタッフは、心の専門家、いわゆる臨床心理士や社会福祉士ではなく、ただ同じような経験をした者にすぎません。スタッフの中には、その後大学院に通い社会福祉士になった人もいましたが、最初に来たときに専門職に就いていたのとはわけがちがいます。

「少年」が出院した年だったと思います。私が佐賀で開催されたある講演会で話した後、コウノさんという女性の方が暗い顔で来られ、「実は今、高校生の娘のことで悩んでいます」と学校のことや家庭の事情を話されました。私はコウノさんが話し終わられるまで聴いてから、親の会「ほっとケーキ」への参加を勧めました。

コウノさんは、ほどなく親の会に参加されました。「うちの子は朝起きても着替えもせず、一日中寝間着を着て過ごしているんですよ。情けなくて……」

私は「そうなんですね。大変ですね。でも、私も事件の後、病院から退院して家に帰ってからも、着替えることなんて考えられなかったですよ。生活の中で普通にやれていることが、とてもエネルギーのいることなんですよね。精神的にも肉体的にもつらい状況のときは、できませんよ。お宅のお子さんもそれぐらいつらい状況にあるのかもしれませんねー」と話していました。「そうなんですかねー？」半信半疑のコウノさんが答えると、別の参加者が「そう、うちの子も着替えない時期があったわー」などと会話が続いていきました。そんなやりとりや他の参加者それぞれの語りがあり、２時間半ぐらいでその日の親の会は終わりました。

次の親の会でコウノさんは、会から帰る道すがら涙が溢れて止まらなかったと話されました。コウノさんが家に着き、涙をぬぐい気を取り直して「ただいまー」と家に入ったら、それまで一度も出てこなかった、そして「おかえりなさい」とも言ってくれなかった子どもが出てきて、「おかえりなさい」と言ってくれたことを、笑顔で話されました。

報告を聞いて、「えー」や「わー」という歓声と共に拍手が湧き起こり、参加者は自分のことのように喜びました。歓声と拍手の中、さらに晴れやかな笑顔になるコウノさんでした。

コウノさんの涙の意味はわかりませんが、親の会に出会い、親の会の場を仲間と共有したことで、コウノさんの心に変化が起こったのだと思います。これまで、自分のつらさゆえ、気づかなかった子どものつらさに思い至られたのでしょう。

そのことがあってから、コウノさんとお子さんは、少しずつ話をするようになったそうです。母親の「ただいま」の一言に、親の心の変化を感じ取れる感受性豊かなお子さんだったのです。

「我が子がいじめに遭い、不登校にならなければ、今まで私の生きてきた人生観や価値観やもろもろのことを、変える必要はなかった。私の中で育ててきたものすべてを崩さなければいけない。それがつらく苦しい」。かつて、ある参加者が涙ながらに話された言葉です。

また別の参加者は、「社会では我々は少数派だし、話してもわかってもらえない。でも、ここ(親の会)では多数派だから言いたいことが言えて気持ちが楽になる」と発言されました。

親たちの語り合い

不登校やひきこもりの子を持つ親は、いろいろな意味で「生きづらさ」を抱えています。抱えながら不登校やひきこもりの子どもと、そして自分の人生と向き合おうとしています。そんな親たちの話を聴いたり共に居たりするのは、苦しかったりつらい思いをするときがないと言えば嘘になります。しかし、自分自身が通ってきた道です。もちろん、感じ方や考え方・状況の違いはありますが……。「ほっとケーキ」の参加者の中には、自分の苦しかったときのことを他者の状況に重ね合わせながら語ってくれる人もいるのです。「28歳で反抗期⁉」のヤマムラさんもその一人です。

大変な状況を生きてきたヤマムラさんだからでしょうか、彼女は他の人に対して温かくて、とてもやさしく寛容です。親の会の参加者は、「彼女が親の会に参加しているだけで、ほっとする」と言います。

自分の子どもが元気になり、動きが出てきたり変化が見えてくれれば、親の会に参加しなくなる人が多い中、今でもヤマムラさんは参加し続けています。自分のつらかったことを話したり、他の参加者の話に耳を傾けたりして共に過ごす時間を大切にしています。
あるとき、グリーンコープ生活協同組合の雑誌「グープ」の記者から、「ほっとケーキ」の親に「思春期と向き合う」というコーナーのインタビューをしたいと取材要請がありました。私の頭に浮かんだのはヤマムラさんです。彼女が「ほっとケーキ」に繋がって数年経っていました。ヤマムラさんは取材を快く引き受けてくれました。そのときのインタビュー記事「グープ」２０１１年4月号(vol. 37)を紹介します。文中のYさんがヤマムラさんです。

その子を信じて待つと決めた
手のかからない、いい子が…

（Yさんの子どもは3人。長男のNさん36歳。）

Nさんは小さい頃から素直で優しく、小・中学と成績はトップクラスだった。Yさんにとっては、手のかからない、いい子だった。Yさんの夫は、子どもの成績がいいと褒めた。Nさんは父親から褒められようと頑張って勉強し、有名進学高校に推薦で合格した。
ところが、高校で成績が振るわなくなり、父親は顔を見ると「勉強しろ！」と叱責した。高校1年のある日、Nさんは父親に初めて反発した。大柄な父親は怒って家中追い回し、小柄なNさんを玄関に追い詰めて怒鳴った。そういう出来事が、高校を卒業するまで数回あった。それでも、Nさんは親の期待に応えようと、大学受験に臨んだが失敗。そこで、Nさんの頑張りはぷつんと切れてしまった。
失意の中、予備校や専門学校に通うためNさんはアパートで一人暮らしを始めたが、予備校に

も専門学校にもほとんど通うことはなく、アパートに引きこもった。2年3ヶ月間もがき続けたがどうしようもなくなりNさんは家に戻ってきた。翌年、大学に行くためにセンター試験を受けたが、もうその学力はなかった。

そして、Nさんは、「自分がこうなったのはお父さんのせいだ。お父さんが憎い」と時折逆上するようになり、Yさんは、息子と夫との二人の間で精神的に疲弊していった。そんな日々が4年ほど続き、Yさんは話し合って、夫と別居した。

母親としての覚悟

それから1年半は穏やかな暮らしだった。ある日、Nさんが「子どもの頃、父親に虐待されていた」と言ったとき、Yさんは軽い気持ちで「お父さんはNと遊びたかっただけじゃないの」と父親をかばった。とたん、Nさんは逆上して、Yさんに襲いかかった。Nさんに足蹴にされながら、Yさんは母親としての自信が音を立てて崩れていくのを感じた。

暴力は一度きりだったが、それから1年ほど、Yさんの記憶は霧がかかったように定かではない。やがて、Nさんは自室で怨念を絞り出すような声や怒鳴り声を出すようになり、さらに、昼夜を問わず、トイレやふろ場ででも、壁や床を打ち鳴らした。ある夜、そこに父親が居るかのように「あっちへ行け！」「僕を見るな！」「出て行け！」と怒鳴るNさん。それを聞いたYさんは精神疾患になってしまったと思い、精神科の医師を訪ねた。

Yさんの話をじっくり聞いた医師は「優等生の典型的なパターンです。今が反抗期です。病気ではありませんよ」と言った。父親に怒りを爆発させていたときが、反抗期だと思っていたYさんは「28歳にもなって反抗期というのがあるのかな？」と半信半疑だった。

同じ時期にYさんは、不登校・引きこもりの子どもを持つ親たちの自助グループ「親の会」に出会った。その代表にも「今、やっと反抗期じゃないの」と言われ、Yさんは目が覚める思いだった。「私は今までNの何を見ていたのだろう」。それまでNさんの顔を直視せずに暮らしてきたが、それからは視線を合わせることができるようになった。

Yさんは、怒鳴り声の中に「お母さんを虐めただろう！　分からんのか！」という声を聞いて、Nさんが母親のつらさも受け止めてしまうような優しい子だったんだと思い出した。その時YさんはNさんを受け止める覚悟ができた。Nさんがこれからどんなことをしても、腹をくって臨もうと決意した。反抗期ならばやがて落ち着くだろう、その時を待とうと。その気持ちが通じたのか、Nさんはだんだん落ち着いていった。

Yさんが腹をくった時から、Nさんはいろいろ要求するようになった。（後略）

このインタビュー記事を読んで、ヤマムラさんの家族のありようをいろいろ分析することはできるかもしれません。ですが、そういうことは「ほっとケーキ」でやることではないのです。「ほっとケーキ」の仲間は、こういう状況の中で暮らしてきたヤマムラさん家族がいることを受け止める以外にできることはありません。

ヤマムラさんはこれまで自分たち家族の悩み苦しみから逃げないで暮らしてきました。もちろん、逃げたほうがいい場合もあります。だから、逃げなかったからいいとか悪いということではありません。

ヤマムラさんのインタビュー記事の中に、ヤマムラさんが「待つと決めた」というところがあります。ヤマムラさんの生きていかれる姿を見つめていると、「待つ」ということが、彼女の生き方そのものであると思えてきました。

以前、ヤマムラさんから「息子と一緒にご飯を食べ、テレビを見ながら笑い合える日が来るのが夢だ」とお聞きしました。ヤマムラさんが求めていたのは、息子さんとの平穏な日々でした。そんな日々がいつ来るという期待もなく、ただ待っていたのです。

4 「ただ聴く」ということ

親の会「ほっとケーキ」にはこれまで、百数十名の方々が参加されてきました。

２００９年頃に参加されていたムラタさんが、久しぶりに２０１４年11月12日の親の会に顔を出されました。参加されたきっかけは娘さんの不登校で、そのうち息子さんも不登校になられた方でした。当時のことを振り返りながら、「あの頃は大変だった。でも、ここ(親の会)で話を聴いてもらったからよかった！　最近、娘が私に手紙をくれたんです。その中に、『中学のとき、私が爆発してしまったけど、そのとき、お母さんが守ってくれてありがとう。家族みんなの気持ちがバラバラで、大変な時期がいっぱいあったけど、それもすべてよかったことだと強く思います。なぜって、今、現在が昔と比べものにならないほど、幸せだからです。家族みんなが仲良くなって、それぞれ幸せな毎日が送られている…』そんな内容だった」と嬉しそうに話されました。そして「主人も変わったんです！」とさらに声のトーンを上げて話し続けたのです。

「この頃、主人に『あなた、変わったよね！　どうして？』と訊いてみたの。そしたら主人は『カウンセラーに相談に行ってたけど、そのカウンセラーから言われる通りに子どもたちと接していたが、押してても引いてもダメだと感じたとき、なるようにしかならない！　とあきらめた』と言ってたわ。『なんとかならないものは、なんともならないものだということを、子どもから教えてもらったよ』と言いながら、『仕事に対する考え方まで変えてもらった』と言ってたわ。子どもが不登校してくれたおかげで夫婦関係も変わり、今はすべてのことを楽しく感じながら、生きているのよ」と嬉しそうです。

「周りから見たら、大変そうに見えるかもしれないけど、周りから見る幸せと、中の人が感じている幸せは違うものね」と一気に話されました。親の会の参加者は、食い入るように彼女の話を聞いていました。ムラタさんが話し終わられた途端、「すごーい！」「わー！」「よかったねー！」という歓声と溜息のような声が参加者から湧き上がりました。

ムラタさんは娘さんから手紙をもらったのが嬉しくて、わざわざ親の会の仲間に知らせに来てくれたのでしょう。その話を聞きながら、当時私も電話で一回一時間以上かけて、何度か、彼女の話を聴いたことがあったなあと思い出していました。ムラタさんは子どものことを考えて一生懸命に動こうとされる方です。電話をかけてこられるのは決まって、どう動いていいかわからなくなったときでした。ですが私は、話を聴くだけでした。どう動いたら良い、とアドバイスしたことはなかったと思います。ムラタさんは私と語り、親の会でも語り、それを参加者で共有し、そして、自分が語った話も自分の耳で聴くという体験の中で、自ら子どもとの親子関係に気づきを得て、変わっていかれました。

娘さんからの手紙の話を聞いたとき、親の会の仲間は自分のことのように喜びました。さらに手紙の内容から、子どもが家族のありようをじっと観察していることや、苦しい状況もすべてを受け入れていっていることも、静かに肯きながら聞いていました。子どもはいつも親の姿や生き方を見ているのだということが、参加者に伝わった場であり時間だったのではないでしょうか。そして、子どもは〝今〟を生きていることも、確認できたようです。

親は、子どもが学校に行か(行け)なくなった時点で、親子関係にヒビが入ってしまいます。子どものことがわからなくなってしまうようです。そして子どもは、今までかわいがってくれた親が、学校に行か(行け)なくなっただけで、手のひらを返したように態度を変えるのでは、学校に行かないことだけでもつらいのに、さらに追い詰められることになるのです。

ムラタさんは、苦しむ娘さんと共に過ごしてこられました。他方ご主人は、子どもが学校に行くことを望みつつ、カウンセラーのところまで足を運ばれたのでしょう。ここで素晴らしいと思ったのは、母親を責めないで、父親自身も動かれたことです。しかし子どもはいつまで待っても学校に行こうとはしてくれず、ご主人は押しても引いてもダメだと感じたとき、父親としての〝子どもに学校へ行ってほしいという望み〟を、あきらめられたのでした。

「なるようにしかならない」。ご主人は、これまで仕事上ででも、なんとかならないものも、なんとかしようと、頑張ってこられた方だったのでしょう。子どもの不登校と向き合うことで、「なるようにしかならない」ということを学ばれた、というのです。

親の会が終わってから私はムラタさんに、「何がこんな風にあなたを変えたの？」と尋ねてみました。彼女は「ただただ、聴いてくれる人、判断せずに聴いてくれる人がいたから」と応えてくれました。

私はムラタさんの喜びの報告を受けながら、「ただただ、聴く」難しさを、より深く考えさせられました。「ただ聴く」とは、こちら側の価値観でその人を判断せずに、受け入れることに通じる扉なのだと思います。それが本当の意味で互いにいつもできたら、どんなに素晴らしいだろうと思います。

おわりに——幾つもの波をこえて

2018年5月3日。事件から18年目の夜、フジテレビ系列の「直撃！　シンソウ坂上」という約一時間の番組で、「西鉄バスジャック事件　『少年』は医療少年院を5年4カ月で出院」と題して、私が遭った事件のことが取り上げられました。それまでも事件や私のことなどはテレビでも取り上げられたことがありましたが、この番組をきっかけに、猪一郎さんと、事件について初めて話をすることになりました。それまでは祥月命日やお盆、暮れに塚本家にお参りには行っていましたが、あたりさわりのない話題だけで、事件の話は一度もしたことがありませんでした。

この番組が放送される少し前だったと思いますが、お参りに行った私に猪一郎さんが、「もう、来んでいいよ」とおっしゃったことがあります。手を合わせに来る私を労わってのことだとそのときは思い、「ううん。私は、猪一郎さんに気ば使うて来とるとじゃなかもんね。私が、そうしたいから来てるだけやけん、来させて」と伝えました。本当の気持ちでした。猪一郎さんのことを気にしてというよりも、仏壇の向こうの塚本先生と私の関係を続けるために、参っていました。

その後、ふと、猪一郎さんが以前に何かの取材を受けられた際に、おっしゃった言葉が思い出されました。

「僕たち家族が、新しい道を見つけ出し、歩き始めることができたとき、そのときにも少年が罪の意識を持ち続けていたら、赦すことができるかもしれない」

「もし、僕たち家族が崩壊して、子どもたちが悲惨な人生を歩むことになったら、少年がどんなに悔い改めても赦すことはできないかもしれない」

当時、猪一郎さんは崩壊寸前になった家族と向き合い、必死に立て直そうとされていたのです。猪一郎さんのお子さんたちは、祖母である塚本先生を慕っていました。その先生が事件で突然亡くなられたのですから、大変だったようです。

私は塚本先生がご存命の頃、猪一郎さんを妬ましく思っていた時期がありました。「私も、塚本先生のような母親に育ててもらっていたら……」と思い、先生を母に持つ猪一郎さんをうらやんでいたのです。実母を見送った今となっては、私の母はあの母でよかったのだ、と思っていますが……。

番組が放映される日の午前中、祥月命日ということで私は塚本家にお参りに伺いました。

私がお参りを済ませて掘りこたつのある茶の間で猪一郎さんの奥さんと話していると、猪一郎さんも在宅だったようで、出てきてくださいました。これまでも塚本家に行くと、猪一郎さんとよりは、奥さんと話すほうが多かったと思います。

少し前にこの番組のディレクターの方から、「猪一郎さんが出演していいと言ってくださった」と聞いていたので、「テレビに出たんだって？」と聞いたところ、「出たよ！　俺は、言いたいことがあったからね」とおっしゃいました。

「私は、もうテレビには出たくなかったのでお断りして、電話の取材はいいですよと言って、電話だけにしたのよ」と返しました。

夜、番組を観ると、出演者が「方法は違うけど、どちらも(猪一郎さんと私山口)『少年』の更生を考えているよね」と言っていました。そこが一緒と捉えてもらったのは嬉しかったです。

同じ被害者でありながら、私は「少年」を擁護するような発言をしていて、塚本家の方々の気持ちをいつも逆なでしているような気がしていました。だから、お参りに行っても事件については一切話さなかったのです。猪一郎さんは、この番組のインタビューに以下のように応えていました。

この「少年」は5年くらい少年院にいた。それ以上の延長はないと聞いて、「更生」って何?と思ったのです。

(少年院に入って)4年目くらいの時、「会ってくれないか、(「少年」が)謝りたいと言っている。遺族の声を聞いて罪の意識を持たせたいから」と言われたのです。でも、僕は断ったんです。「『少年』を立ち直らせたり罪の意識を持たせるために、被害者を利用するんですか?」と言ったんです。

(当時)被害者はまだ立ち直れていません。うちの娘たちもまだ立ち直れていませんでした。医療少年院の人曰く、「『少年』が出たら自分たちはどうしようもない。だから、少年院にいる間に更生させたい」と。

気持ちはわかります。少年院を出た後はできないから……。

じゃ、制度が悪いんです。

「更生」をたとえば3年5年と区切ってどうやって（更生したか）分かるの？　少年院を出た後もずっと見守ることが必要なんじゃないの？

更生するということは自分の罪の意識を一生背負っていく覚悟を持つことだと思います。その覚悟を植え付けることだと思うんです。

本当の意味で加害者が更生することが被害者を救うことだと、僕は今もそう思っています。

猪一郎さんは、お母さんである先生がどんな人となりだったのかも充分ご存じです。「うちの母親は寛容だったから『少年』を赦したと思う」と言われているのを聞いたことがありました。しかし、そのお母さんを亡くした猪一郎さん自身は、この事態を受け入れられなくて苦しんでいらっしゃるということも、私は感じていました。それにもかかわらず私は、「少年」を擁護するような発言を繰り返すことをしてきました。

私が発言を続けてこられたのは、猪一郎さんは本物の芸術家だという確信があったからです。この苦しみ・つらさ・理不尽さいろいろな感情が、彼の芸術の中に昇華されていくであろうことを、私は、信じていたのです。この確信はなんの根拠も脈略もないものでしたが、根っこに「あの塚本先生が育てた人だもの」という思いがありました。

この日、猪一郎さんは、「家族がやっと〝それぞれ自分の道を歩き出した〟と思えたから、話すことができる」と言われました。事件から18年が過ぎ、猪一郎さんの複雑だった思いが整理されつつあったのでしょう。そういうことを含めての「もう、来んでいいよ」という言葉であり、私が考えているような単純なものではなかった、と気づきました。

長い苦難の道のりだったことでしょう。特に猪一郎さんにとって達子さんは、母親であり芸術家としての彼のよき理解者であったのですから……。猪一郎さんは、そんな自分の母子関係と自分自身の親子の関係とをしっかり見つめながら、これまで暮らしてこられたのだろうと、感慨深いものがこみ上げてきました。

これからも、まだまだいろいろな波はあるでしょうが、その寄せては返す波と共に〝居る〟ということも大事なことなのかもしれません。

私たちの暮らしは、波打ち際を生きているようです。海と陸のさかいである波打ち際は、固定されず絶えず揺れ動いています。私たちの暮らしも同じように。生きていくということは、そのようなことなのでしょう。私たち家族にも、これまでもいろいろな波が来ました。娘の不登校と向き合いながら、人との出会いで感情が大波小波のように揺れましたが、何とか乗り切ることができたのも、人との出会いによってでした。そして事件の被害者となり、家族全員の感情はさらに揺れに揺れました。ですが、事件に遭わなければ出会えなかったであろうたくさんの方と出会い、その方々が事件という大波の防波堤となってくださっていたことに気づきました。家族が家族でいるために、私が私でいるために、たくさんの心とエネルギーを使ってくださった方がいたのです。有難いことでした。そういう意味で、「この事件に遭うことは我が家に必要な出来事だった」と私は捉えています。

これからも、寄せては返す波に逆らわず、波と共にその時々の状況を受け入れながら人と一緒に、生きていきたいものです。より自然に、より豊かに。

あとがき

事件に遭ってから二十数年の歳月が流れました。この間、「体験を本にしませんか？」と何度か声がかかりましたが、そのとき、私はそんな気持ちにはなれませんでした。ところがひょんなことから2012年に九州大学大学院に入学する機会を得て、入学選考のための動機に、「自分の体験を本にしたい」と書きました。しかし、修了しても、本に取りかかることは難しいものでした。やっとこのたび、いい伴走者を得て動き出した次第です。

この本には、2015年に大学院に提出した修士論文にまとめた、不登校の子どもの「居場所」や「親の会」の親たちのエピソードがちりばめられています。そこで出会った親や子どもたちと過ごした時間は、何にも代え難いものでした。「居場所」や「親の会」を立ち上げ、運営してきたのは、事件に遭ったことが起点になっています。

事件で亡くなられた塚本達子先生は、現在の子育てをとても危惧していらっしゃいました。私も塚本先生に出会わなければ、今の考え方には至っておりません。塚本先生の生きざまと死のことも書きたいと思いました。

事件に遭うことはいいことではありません。しかし、私はそのことによって、たくさんの人々との出会いがあり、たくさんの学びをいただきました。そのことが、この本を書くことへと繋がりました。

あとがき

この本の執筆途中に、私を背後から温かく、静かに、信念をもって見守ってくださった指宿照久先生が亡くなられたのを知りました。具体的な「少年」との面会があり、今の私がいると思うので、とても残念でなりません。皆様ほんとうにありがとうございました。

さらに、本づくりの伴走をしてくださった前川ヨウさま、岩波書店に繋げてくださった坂上香さま、快く出版を引き受け、アドバイスなどくださった田中朋子さま、そして、本書のカバーに作品を提供くださった塚本猪一郎さま、ほんとうにほんとうにありがとうございました。

この本が、子育て中の方たちに出会い、子どもと共に生きていく力になれたらと願っています。

最後になりましたが、塚本達子先生と指宿照久先生のご冥福を心よりお祈り申し上げます。

2024年1月30日

山口由美子

山口由美子

1949年佐賀県生まれ．2男1女の母．元洋裁専門学院教師．2000年5月，西鉄バスジャック事件に遭遇し重傷を負う(この事件で同行の恩人・塚本達子先生を喪う)．事件後，参議院法務委員会で参考人として意見を述べる．2001年，不登校の親の会を仲間と立ち上げ代表に．2002年，不登校の子どもの居場所「ハッピービバーク」を開設．2005年，京都医療少年院にて加害少年と面会．2012〜2015年，九州大学大学院にて，子どもの感性等について学ぶ．佐賀少年刑務所で月一回の講話の他，各地で講演活動も行う．本書が初の著書．

再生 西鉄バスジャック事件からの編み直しの物語

2024年4月16日 第1刷発行
2024年8月6日 第2刷発行

著 者 山口由美子《やまぐちゆみこ》

発行者 坂本政謙

発行所 株式会社 岩波書店
〒101-8002 東京都千代田区一ツ橋2-5-5
電話案内 03-5210-4000
https://www.iwanami.co.jp/

印刷・三秀舎 製本・松岳社

ISBN 978-4-00-061638-6 Printed in Japan